JN064984

新編 下田歌子 著作集

# 良妻と賢母

監修　実践女子大学下田歌子記念女性総合研究所
校注　久保貴子

三元社

良妻と賢母　目次

## 第二章　何をか良妻と云ふ　37

## 第三章　東洋の良妻伝　53

## 第四章　西洋の良妻伝　89

〔下　編〕

## 第一章　母の範囲 119



## 第二章　何をか賢母と云ふ 131

## 第三章　東洋の賢母伝 139

## 第四章　西洋の賢母伝　175

# 凡例

一、本書の底本には『女子自修文庫第五編　良妻と賢母』（明治四五・一九一二年、冨山房、実践女子大学・実践女子大学短期大学部図書館蔵）一冊を用いた。
一、旧字体が用いられている原文の漢字は新字体に改めた。
一、句読点、読み仮名（ルビ）、踊り字なども原文のまま活かし、旧仮名遣いのままとした。
一、漢字の左に簡易な語釈を付している場合、その漢字の下に〔　〕として表記した。
一、原文の明らかな誤植やルビの脱字などと校注者が判断したものは、適宜修正し改めたが、それを特に注記はしていない。
一、注の内容が重複する場合、前掲の注を示し、省略した。

# 緒言

此書は、主として、今古東西の良妻賢母の嘉言善行を採り蒐めて綴りなし、年少女子が、斯道【1】に進む参考にもと考へたのであります。然るに昔上乗【2】の模範なりと評定【3】した事も、二十世紀の今日になつて見れば、それを其儘採り用ゐることは至難しいと思はるるもあり、或は国柄によつては、甲と乙と、其標準を異にするの已むを得ぬやうな事もあるのでありますから、試みに今仮に妻と母との云ひ行ふべきところの責任範囲を定めて、そして、昔でも今でも、東洋でも西洋でも、まづ大抵これならば、

【1】人として正しい道。孔子の説く、聖人の道。また、その教え。（『論語』雍也）

【2】この上なくすぐれていること。上々。

【3】皆で相談して決めること。

模範として、習ひ行うても、大きなる間違もあるまいかと思はるゝ、婦人達の略伝を当てはめて、記して見たのであります。己れが愚案は必らずしも、是なりと信じ難いことはもとよりでありますから、切に大方諸媛の叱正を仰ぐ次第でありますが、こゝに掲げた、賢母良妻の伝は、何卒謹読せられて、若き女子のこれに企て及ばんことを、期せられたいと願ふのであります。

明治四十四年十月

編者しるす

# 良妻と賢母　上編

# 第一章　妻の範囲

日本語で「つま」と云ふは、夫から妻をさしても、妻から夫をさしても呼んだ詞である。つまは即ち配偶者の相親んで呼んだ詞なりとすれば、英語の「ディヤ」仏語の「スセール」などの如きものであらうか。其れに「漢字の妻」と云ふ字を当て嵌めたのである。又、漢字、「妻」なる解釈には、妻は斎なり徳均しきなりとある。して見ると、男女同権論が盛んであつて、実際外を歩くにも、内に坐るに内部は兎もあれ。外面は、女まづ男に先立ちつゝふるまふ西洋はさて措き、男尊女卑と云はれた我が東洋の古へでも、男女室に居るは人の大倫【1】なりとして、妻と夫とをさし並べて、相愛し相慶し、

【1】人として守るべき人倫、秩序。

一家の主位に置いたには相違無い。況んや、一夫一婦を以て、人倫[2]の大道であるとの説が闊歩[3]し得る、今日の社会に至つては、主婦は主人の伴侶であつて、決して、隷属で無いと云ふことは、何人も首肯とするところであらう。然しながら、妻は夫の隷属では無い、伴侶であるからと言つて、夫のする通りに、妻も亦勝手に言ひもし行ひもしたならば、それこそ、天に二日のあるやうに[4]、一家に二つの首が出来て、始終騒擾が絶え無いであらう。これはやはり、夫唱へ婦従ふ[5]とある、東洋の古訓に則るべきで、西洋と雖も、宗教の戒の中には、婦は夫に従ふべしと記されてある。で、夫は夫らしく、妻は妻らしく、家庭が、常に平和で、波風が立たぬやうにするには、まづ、妻たるもの、範囲を善く定めて置いて、苟くも、其範囲を越えぬやうにすることが大切である。古より、妻の僭横を譏つて、牝鶏の晨する[6]など、云はれたのも、みな其範囲を曖昧にして居いたからのことである。故にこゝに於いて、其妻なる者の範囲は、これ〳〵であらうと尋ね試みて置く必要があらうと思ふのである。

## 一、妻と主婦との区別

## 妻として主婦たらざる者

扨まづ、妻と夫の職責【7】の範囲を云ふ前に、猶妻と主婦との区別あることを述ぶる必要があらうと思ふのである。

西洋では、大抵、女子が夫に配するのと、一家を形造るのとが、一所である故に、まづ大率、妻即ち主婦なりと心得ても宜しいと思はるゝが、我が国ではまだ左様は往かぬ。殊に貴族や富豪の家に在つては、未だ男子が独立の働きも極らぬ間に、往々妻帯することがある。右様な場合には、女子は其配偶者とともに、舅姑の保護のもとに在るので、恰も、義の父母のもとに、子としての位置を有つのであるから、夫に対しての、妻の務はあるが、まだ家に対しての主婦の責は持たぬのである。それを、西洋風の教育を受けた女子が、彼の国には、全く例の無い、主婦たらざる妻の範囲に思ひ及ばずして、所謂、部屋住【8】の夫の配偶者でありながら、舅姑無き家の主婦同様のふるまひを

【2】人として守るべき道。

【3】いばって思うままに行動すること。

【4】天に一つしかない太陽が、二つあるかのように。

【5】夫が言い出し妻がそれに従う意から、夫婦の仲が非常によいこと。夫唱婦随。『関尹子』三極の「天下の理は、夫は倡え、婦は随う」を指す。

【6】女が勢力を振るうと家や国が滅びる前ぶれであるとする。災いを招くたとえ。ひんけいに朝せらる（めんどりがおんどりに先んじて朝の時を告げる意）。（『書経』牧誓）

【7】担当する仕事の責任。

【8】（親の家に部屋をあてがわれて住んでいる意）親がかりの人。嫡男でまだ家督を継いでいない者や次男以下の家督相続できない者をいう。

して、それを、当世風【9】と心得るなどの間違から、遂に、舅姑と娘との折合が悪くなるなどの不幸を見ることを悲しむのである。

**古参相伝の俗**

一体【10】我が国では、家々其禄【11】を世襲【12】し、其職をして世襲した習慣が久しかつたから、公けの事【13】も、古参【14】の人に一々、伝へて貰はなければ、いかなる職も務むることが出来なかつた風俗は、また一家の内も同様の習慣を形造つた。すなはち其父が職を子に襲がしむるには、数年間、其見習様のことをなさしめたと均しく、姑母は、娘に其家風家例を教へて、短きも数年間、長きは数十年間の後、始めて、娘は単純なる妻の位置より、複雑なる主婦の位置をも兼ぬることになつたのである。公式の制度の一般が、何でもかでも、旧式古格【15】を重んじて、敢て新空気の入るゝことを許さなかつた、当時の社会に在つては一家の内と雖も亦、何十年何百年も、相替らず、版行で捺したやうな【16】ありさまが、甚だ宜しかつたであらうけれども、今の如く、日進月歩たゞ改善の速かならんことを希ふ社会に在つては、誠に困つたものである。

**小さき新家庭**

故に、たとへ種々の都合上から、舅姑と娘とは暫く同棲せざる可らずとするも、子息は必ず、大なり小なり独立の生計を営みて後、始めて妻帯すること、なし、妻帯せば、親の家であつても、其二間なり三間なりを、我が新らしき家庭として、妻即ち主婦となり、雛形でも一家の形造りをなすにあらざれば忽ち母なる位置になつてから、子女の教養にも、甚だ困難を感ずることが少なく無いであらう。けれども、久しき習慣を急に変へようとすれば、必ずまた新らしい弊【17】を生ずるの恐れがある。所謂角を直して牛を殺す諺【18】にも鑑みなければならぬ。それ故、まづ其妻であつて、主婦で無い人の注意を試みに略と述べて見よう。

## 娘の位置

舅姑の保護のもとに立つ娘の位置は、まづ、子の位置と同じ心得である。すなはち舅姑に親とし事へて、善く其心を楽しましめ、又善く其起居【19】を安からしむるが第一である。其夫とともに其事に従ふが主たるべきであるから、舅姑を措いて、夫に事ふることの出来ぬ次第であるから、勿論、主婦としての事項に喙を容るゝこと【20】をせぬは言ふ

【9】その時代に流行の風俗・風習。粋で恰好がよいと思われる風俗や考え方。現代風。今様。

【10】おしなべて。全体。全般。一般。

【11】官に仕える者に下付される給与。身分・階級に応じて与えられたが、後世は知行・扶持米などにかわった。給金。扶持。

【12】地位・財産・職業などを嫡系の子孫が代々うけついでゆくこと。

【13】朝廷や幕府、政府、官庁での仕事内容。

【14】以前からその職、あるいはその立場にあること。

【15】古くからの格式。むかしのしきたり。

【16】全く同じことの繰り返しで、少しも変化のないこと。判で押したよう。はんこで押したよう。

【17】欠点。弊害。

【18】少しの欠点を直そうとして全体をだめにする。枝葉の事に関わって本体を損なう。

【19】日常の動作、生活をいう。

【20】口出しをすること。

迄も無いのである。故に、其夫に対しては、形に於いて事ふることを専らにせず、心に於いて事ふることを、専らとせねばならぬ。かやうの位置に在る者は、誠に心苦しい、気の毒なありさまであるには相違無いが、其代りこれを慈む夫の情は、又甚だ深いものである。即ち弱者を憫むは人情の自然である故に、明[21]の太祖の皇后馬氏[22]が、善く其義父母に事へ、遙に遠征の夫を、陰に陽に[23]補けられたる事蹟は、後世の人をして深く感動せしむる次第であつて、又殊に、太祖が、皇后を徳[24]として、終始大いにこれを尊敬せられたのも、此義父母と太祖との間に立つて幇助[25]せられた事が、與つて[26]其多きに居つたとの事である。

又、人に嫁せずして、独立の生計を営む者も、一家をなして、其家の主宰[27]たれば云ふ迄も無く、単に主婦なる位置に在りて、其家事一切を整理すべき者である。

**主婦として妻たらざる者**

又人の妻となりても、不幸にして、早く其夫に別れ寡居〔やもめずみ〕[28]して、一家を営みつゝある者も亦既に直接には、妻なる責無くして、単に主婦なる務があることになるのである。

**従順謙遜なる女子**

これは前者の、妻として主婦たらざる人とは、全く反対であつて、主人のすべき事までも、一切身一つに引き受けて取りさばかねばならぬのである。総じて、我が国の女子は、前者の如き場合に遇つて来た者が、大多数であつた習慣の結果として、今でも

子沈毅果断なる女

猶、従順謙遜〔すなほへりくだる〕【29】であつた、善く忍び難い事をも忍ぶやうな人は少なく無いが、沈毅果断〔おちつきてつよいすみやかにとりさばく〕【30】であつて、独世に立つて行くことの出来る婦人は、甚だ多からぬやうに思はるゝ。否や、もすれば、耐忍の力は昔より薄くなり、遜順【31】の徳は少なくなつて、却つて、真正の沈毅果断の人はまた誠に稀である。勿論かくの如き、全き徳を個々の人に望むは、甚だ無理であるが、過渡時代には、余程深く注意をせねば、事によると、固有の美徳が退却して、新来の悪弊が跋扈する【32】やうな事になるものである。一体自然の道に従へば、男女ともに配合して一家を成べき道理であるか

【21】中国の王朝の一。一三六八年、朱元璋（太祖洪武帝）が元を倒して建国。都は当初南京であったが、永楽帝の一四二一年、北京に遷都。一六四四年、李自成に国都を占領され、滅亡。

【22】明の初代皇帝、朱元璋の皇后。馬氏は郭子興の養女で、父の軍に参加した朱元璋とのちに結婚した。（一三三二〜一三八二）。

【23】あるときはひそかに、あるときは公然と。

【24】優れた人格者。

【25】力を添えて助けること。手助けをすること。

【26】そのことに関わって。そのことのおかげで。

【27】人々の上に立って全体をまとめること。中心となって運営すること。

【28】配偶者を亡くして独りで暮らすこと。

【29】性質・態度などがすなおで、人に逆らわず、控え目な態度をとること。

【30】落ち着いていて、物事に動じず、物事を思いきって行うこと。決断力のあること。

【31】へりくだってしたがうこと。

【32】ほしいままに振る舞うこと。また、のさばり、はびこること。（『後漢書』崔駰伝）

**戦国時代の女子**

ら、女子も、人の妻たり母たるに適するやうなことを教へもし、導きもすべきは云ふまでも無いが、複雑なる社会の風潮は種々の困難を生み出して来るものであつて、今のありさまでは勢ひ、独棲【33】の女子も出来る事であらうから、女子として、従順の徳は勿論結構ではあるが、今少し、雄々しい魂をもつて、確乎した、容易に、物に誘はれ易く無い婦人を生ぜしめたいものである。これはひとり、独立の女子に望むばかりでは無い。妻としても母としても、また或点に於いては、誠に望ましい次第である。戦国時代には概して女子にも、頼もしい確乎とした人が多く出たやうである。これは、社会の状態が殺伐【34】の空気に孕まれて居るからでもあらうし、一家の内も亦大抵其家長たるべき男子は、戦場に臨み、且早く死んでしまつたり何かして、勢ひ主婦たる者が、代つて其家を整理せねばならぬ等の必要からも生ずる次第であらう。理に【35】今遠征の途に登つて居らるゝ人々の家庭、猶、其主人が戦死された場合にも、留主宅の婦人達が、日頃に増して、甚だ雄々しく立派であるのを見ても、境遇が人の性質を変更することの容易ならぬものであることが了解る。希くば此時の心を心として、女子の精神界に確乎不抜【36】の基礎を打ち固めて置きたいものである。

**前者と後者との方針**

以上述べたやうに、妻として、未だ主婦ならざる女子は専ら従順謙遜の徳を守つて、苟くも長者が、不義不道【37】に陥るやうな悪き行ならざる限は、大抵の事は、唯其旨に従つて、其指揮のもとに働き、段々其れらの人の信用も得、家風も解り、さて自らの経験も積んだ上で、改めねばならずと思ふ事も漸々に徐々と改め補うて行くやうなことに心づく【38】べきである。

然るに、主婦として、一人其家に主宰たる女子は勿論女子である故に、外面は、猶和らかにおとなしくはあつても、心は確乎として居て、容易に人の言に動かされぬやう、又為さねばならぬ事を、何時迄もぐづ〳〵して極りの無いやうな事をせず、他から侮り軽んぜられぬやうに、物の理非【39】も了解り、精神の基礎も固くなるやうなことに心がけねばならぬ。

十全【40】を望めば、前者の位置に在つては、従順謙遜であつた人が、後者の位置に移れば、すなはち沈毅果断の人になるやうにありたいのである。君子は器ならず【41】とはかやうの事を云つたのである。


【33】ひとりで住むこと。

【34】うるおいやあたたかみの感じられないさま。

【35】その道理を示すように。

【36】物や考え、意志などがしっかりして、動じないさま。（『易経』乾卦）

【37】人として守るべき道にはずれること。

【38】気がける。

【39】道理に合っていることと合っていないこと。

【40】完璧。

【41】人格のそなわった者は一技、一芸にかたよらないものである。（『論語』為政）

## 二、妻と夫との職責範囲

すべての事が、相互に、是れは我が物だの、其れは汝の物で無いの。其れは口を出すべき事で無いとかあるとか、毎日一つ家に顔を合せて居る間で、既に云ひ出すやうになつては、最早平和の楽は破れた後である。法律に持ち出さぬ間に徳義は生存するもので、徳義の生存が無ければ、平和は生存せぬ況んや。偕老同穴[42]を契る夫婦の中に、職責を論じ、範囲を争ふやうになればもうおしまひであるけれども、平和時代だとて軍備は怠つてはならぬ争論は起さぬ中だと云つても、千萬一の準備はして置かねばならぬ。否大した争ひは起らずとも、長い間には、互に多少の不平も出来る事を免がれ無い。さて其時に、決して隙の無いやうに、確乎と覚悟がしてあると、物は必ず大事に至らずして済む者である。こゝに於いて妻たる人は、まづ其夫と己れとの職責、及び其範囲を心得て置く必要がある。而して其自らが責として務むることには、毫も[43]許すこと無く、善く己れに克ち己れを責むべきも、若し夫が其責を尽さず、又其範囲を越えて、妻を侵害した時には、余程静に心を収めて慌てず騒がず、徐ろに、これを諫めもし止めもすべきである。此心得を取り違ふるやうな事があると道を知つてる者が、却

て道を知らぬ者よりも、見苦しい正無い行為をなすやうな事になる者である。女子は常

### 和徳を以て強暴に勝つ

に和徳を以て強暴に勝つ心得があらねばならぬ。凡そ器具や書籍の目録を作らうとしても、これを大別するは、誠に見易い、何の手間隙も入らぬ事であるが、扨其れを一々小別しやうとすれば、甚だ困難で、頗る惑ひ易いものである。その如くに、夫と妻との職務の範囲も、大別するは易く小別するは難いのである。故にまづ、これを大別して然る後に小細に入らうとするので、そして、其別ち難い所のものは必ず共同の責をも

### 男女の天職

つ者と心得べきであらうと思ふ。すなはち、両個の別を概言すれば、やはり、男は外を治め女は内を理むるの原則に従ふ迄である。すなはち、夫は外務を、妻は内務を主るのである。で、夫が公けに尽すために、十分の力を用ひらるべく、妻はこれを善く助けて、内を顧るの憂無からしむるやうにすべきで又夫は外で働いて得た所の物を妻に委ね、妻は其れを以て、内を取り整へて往くべきである。けれども、世の中の事は、いかに分業を可しとすとは云へ、物を真二つに割つたやうに切り分けらるゝ者では無い。妻の分担の中にも、夫の多少分担すべき事も混り、夫の分担すべき事の中にも、また

【42】夫婦が、最後まで連れそいとげること。夫婦の契りの堅いこと。「かいろうとうけつ」とも。

【43】少しも。ちっとも。

妻の分担すべき事も混つて居るものである。仮にまづ衣食住の事に就いて云つて見やうならば、衣服の監理者は無論主婦である。

### 衣服の監理

これを選びこれを縫ひこれを納め、猶又これを清潔にすべく、汚るれば洗ひ、皺つけば伸し、色褪すれば染め、破れ損へば綴る等、大抵主婦が単独に取扱ふべきものであるに相違無い。されど、苟くも【44】夫が着用の衣服は、古び破れてしまつた物で無い限は、敢へて濫りに、他に遣つたり、壊したりすることはすべきで無い。又其選択や、仕立方等も、公式の官服などは、夫の不在とか何とか、格別の場合で無ければ、独断では調整、変更せぬが普通である。

### 飲食物の監理

飲食物の監理もまた、大率主婦の担当に属して居る。其選択、調理、貯蔵等、大抵主婦が手に一任さるゝのであるが、これとても、主人の嗜まるゝ物は勿論、賓客の用、贈呈品等に当つべき品は、敢へて自ら専らにせず、善く保管して置いて、主人の命令を待つべく、猶且、賓客【45】饗応【46】の時の飲食品等は又これ夫の旨に従ふべきである。然しながら、衣食の二つは、まづ概して十が九分以上、主婦の担当監理のもとに置かるゝのである。

### 住居の監理

住居に就いても、其洒掃〔ぬぐひはらふ〕や、器具の整理や、普通の修繕はみな主婦の担当である。けれども、衣食の如く、其選択製造までは、主婦が専任はしない。住居を何れの地に卜し【47】、いか程の費を以てし、いかやうな構造にするかと云ふ事は、却つて、主人が主となつて取り扱ひ、主婦はこれに参与するので、猶且、大修繕の如きも、特別の場合の外は、主人の方が主になつて、監理するが普通であらう。けれども出来の上の監理は、主婦の手を待つ事が多いのであるから、其分担は猶主人が四分、主婦が六分位でもあらうか。

### 家事経済の監督

妻は、夫から一箇年何程、一箇月何程と予算を立てた額により、其歳出入を計つて、金額の何程かを渡さるゝであらうから、其予算を越えぬやうに、其内で、家事一切を取り賄つて、そして、月末毎に必ず其支出入帳簿の点検を請ふべきである。夫はこれによつて、家計のありさまを一目瞭然〔はっきり〕わかることになるのである。若しも夫が小事に関するを好まれずして、一々点検の労を厭はるゝやうの事ありとて、妻は決して其帳簿の精記を怠ること無く、いつも細かに取り調べらるゝものと心得て常に能く詳細に認め置くべきである。

### 家人の監督

扨家人の監督、即ち、老人の保護、子女の教養、及び奴婢【48】の取り扱ひ等は、やはり大抵主婦の担当であつて、たゞ其大体の方針と非常の大事に於ける外は、なるべく主

【44】かりそめにも。
【45】大切な客人。
【46】酒や食事などを出してもてなすこと。
【47】判断し定める。
【48】召使いの男女。下男と下女。

人の心を煩はさぬやうにするが、主婦の働きである、

親戚朋友等の交際

又、親戚朋友其他の交際は、専ら主婦の責任に属するもので、まづ寒暑吉凶往復等一切の義理を欠くこと無く、来たる人は丁寧に親切に取り扱ひ、往く者、遠く離れたる者にも、又極めて懇切にして、且、時々の音信を断たず、疎き人にもすげ無からず【49】、親しき人にも喋々しからず【50】、常に公平無私の心をもつて、表裏無く交はるべきである。但し、夫の交際する人を助くる場合と、自らが直接の交際とに善く区別を立てゝ、其範囲を越えぬやうにすることが肝要である。

妻の夫に対する限界

以上述ぶるが如く、家事の主なる衣食住等の事は、大抵、主婦が監理の範囲である。けれども、夫が机の上、又は、用箪笥【51】、手文庫【52】等の内に在る書類等は、秘密公用の物もあるべければ、それらには、夫が特別の許しの無い限は、決して手をつくるもので無い、のみならず、「親展」と記しある書状を披き見ぬは云ふ迄も無く、既に封を切つたものでも、無断では披見せぬが礼である。又職務に関する来客の話しは避けて聞く可らず、左様な事に就いての他出に関しても亦、此方より問ひ聞く可からず、况して、立ち聞きをしたり、其跡を尾けたりして、窃み聞く等の事は、教育ある女子の、最も恥べきことである。斯くても猶、夫が品行の監督は、至誠【53】の眼を以て、十分なさるゝやうであら無ければならぬ。又夫が他に対して談話せらるゝ時、殊更妻を顧みて問を起さ

れたる折の外は、容易に詞をさし挟む可らず。其諫ざる可らざる事柄に就いても、能く〳〵其真偽を糺し、是非を識別し、其機嫌よき折を見て徐ろに諫むべきである。夫にいかなる失態があつても、他の前で諫めたり、さし示したりするもので無い。但し、他に危害を加へやうとせらるゝ等の時は此限で無いことは勿論である。

### 夫の妻に対する限界

妻は其夫に対する限界を心得ると同時に、又其夫が妻に対する限界をも、一通り心得て置く必要があるであらう。

夫は、まづ家憲〔いへのおきて〕のある所を妻に示し、家事大体の方針を定め置き、其範囲内に於ける大抵の事は妻に一任するのである。又妻の身上に関しても、其交際すべき人は誰々、其往復すべき家は何々と聴き取り置き、斯く〳〵の場合の外は訪ひても訪はれても宜いと云ふやうに許して置けば、それで宜い。親が子供を監督するやうに詳細に迄は立ち入らぬものである。

又、妻の所有品も夫の書類等と同様、無断に披いたり、見たりするもので無い。（但

【49】そっけない、思いやりがない態度をとるべきではない。
【50】口数が多く、いいかげんに調子をあわせるべきではない。
【51】身のまわりのちょっとしたものを入れておく小型の箪笥。
【52】手もとに置いて、文具や手紙などを入れておく小箱。
【53】きわめて誠実なこと。まごころ。

し、妻は何時にても、夫に披見せられて差し支へ無いやうにあるべく、妻は決して夫に秘密のあるべき筈は無いものと心得ねばならぬ）

又、妻自らの所有品は、夫たりとも濫りに手をつけて、失ふ等の事は決して為すべきで無い。（けれども妻は徳義上、夫の為には、いかなる品も捧ぐべき覚悟が無ければならぬのである）総じて、夫たる者は大体の締めくゝりは確乎として居つて、そして、小事に迄は立ち入らぬと同時に、然し其細小の事も知つては居らなければならぬ。恰ど妻が、夫の方針の大体は了解して居ても、決して其れらに就いては、知つたふりをして差し出ぬと同じ事である。

### 妻の注意

　要するに、妻は夫の示された縄張の内に於いて、十分に働くべきであつて、容易には、その縄張を越えてはならぬ。けれども、その縄張のしやう如何に就いて、意見あらば、折を見て、其意見を夫に呈出して差し支へ無いが、若しも夫が其れを採用しないで、やはり自分の縄張通にせよと云はれたならば、謹んで其旨に従つて、苦しくとも、猶堅忍不抜以て其成功を期さなければならぬ。（但し其れが不義不道であつた時は此限では無いことは勿論である）で、夫たる人は、其縄張の内での働きの大体は、妻の自由に任せらるべきではあるけれども、性質によつては、猶其細小の事にまで立ち入る人が無いでも無い。其れはどちらかと云へば、妻にとつては甚だ為悪いことであるが、然しながら、決して、濫りにその為に不平を懐くこと無くして、機に臨んで、事の宜しきに従ふ覚悟と工夫とを懲らさねばならぬ。況んや、夫は夫たるの道を尽して、家事の大抵は、其妻に一任しやうとせられた時にも、若しも妻が云ひがひ無くて、些細な事でも自分一人で判断することが出来なかったり、或ひは其為す事が拙なかったりしたならば、夫の信用は次第に薄らいで、到底、わが妻には、内政を任することは出来ぬと、失望さるゝであらう。それこそ実に婦人の恥辱で、深く悲しむべき事ではあるまいか。自分に任せらるれば十分に出来る事を夫が任せてくれぬのも残念ではあらうが、それは自らの過ちでは無く、又其行ふ事に過ちも生ずる気遣が無いから、甚だ安心であるが若しも夫が為し得らるゝものと信用して任された事が出来なかった時には、其為事の上には失態を生じ、其信用は減却してしまふ訳である。で、如何なる事を任せられても、立派に為しおほせらるゝやうに、年少の時から油断無く精神の修養と、行動の経験とを積んで置くべきである。

「千なりや蔓一筋の心より」【54】とは、其主人公の注意如何によつて、幾多の隷属は善くも悪くもなるものであるとの意を云ふたのである。誠に主人の駕御宜しきを得れば、【55】

【54】江戸中期の女流歌人、加賀松任（現石川県白山市）出身の加賀千代女の俳句。（『俳家奇人談』）

一家は平和で、常に歓楽であるに相違無い。然るに此千なり瓢箪は、なる程、蔓一筋が確乎としてさへ居れば、多数の瓢もなることは疑ひを入れぬ道理なれども、扨此蔓を助くる棚が無かつたならば、折角善く生い延びた蔓も、或ひは折れ或ひは萎れて、遂に十分の成功を見ぬと同じことで、千なりの蔓が夫なれば、其棚は妻である。蔓は蔓の職務を勤め、棚は棚の職務を勤め、善く其限界を守つて、互ひに相助けてこそ、葉も茂り実もなるのである。蔓を助くる棚の作りかたは、中々苟くもしてはならぬ【56】。故に古の人「女子が齊家の績は、男子が治国の功に譲らず」【57】と云はれたのである。

【55】人の差配がうまくなされれば。

【56】いささかもおろそかにしてはいけない。

【57】女子が行ないを正しくし、家庭をととのえることは、男子が国家を治め、天下を平らかにする功績にも譲らない大切なことである。儒教の基本的な政治観で、「修身斉家治国平天下」（天下を平らかに治めるには、まず自分のおこないを正しくし、次に家庭をととのえ、次に国を治めて次に天下を平らかにするような順序に従うべきである）（『礼記』大学）に拠るか。

# 第二章　何をか良妻と云ふ

良妻の意義を、平たく約めて云へば[1]、「よきつま」と云ふことであつて、英語のすなはち「グードワイフ」に外ならぬのであるが、扨此「良」なる文字の義は、善なり賢なりと解せられ、良臣、良心など云ふ時にも、善い賢いといふ上になほ、忠しい直ほなる意味が含まれて居るであらうと思はるゝ。で、良妻と云ふ範囲の中には、貞女[2]も淑女[3]も、節婦[4]も烈女[5]も籠つて居る。苟くも、妻として、夫に対する道の宜しきを得たものは、其順境と逆境とを問はず其柔順なると、剛毅なるとを論ぜず、みな良妻

【1】簡単にまとめると。
【2】貞節な女性。
【3】しとやかで、品位のある女性。
【4】貞節な女性。
【5】信義を堅く守る女性。

と云つて差し支へ無いであらう。けれども、「良」なる文字は、大抵、温良、順良、善良など、聯ねられて、いかにも温乎【6】とした玉の光のやうに感ぜらるゝ所から、同じ変に処し、逆境に立て、道を蹈んだ婦人の称号を評定するにも、矛を執り、馬に跨り、敵を斬り、或は身をつんざいたやうな人は、烈婦とか、勇婦とか称して、まづ良妻とは云はぬ方であらう。此間猶、沈着和順、飽く迄も女らしくして、そして、能く婦たるの道に適つた行のある者を、古から多くは、良妻と称して居たやうに思はるゝ。がまづ、良妻は大抵、余り逆境に遇つて、危機一髪の変に処した人を称する名では無くて、孰らかと云へば、順境に在る、即ち平素の行為のいかにも間然〔てんをうつ〕するところの無い【7】婦人をさす場合が多いのである。

曩にも述べたやうに、良妻は所謂、グードワイフである。唐の魏徴【8】は、太宗帝【9】に対つて、「願くば良臣たらん。忠臣たること無からん」と云つたが、良臣即ち忠臣、忠臣是れ良臣である。これ迄も、彼れは忠臣なりと言はるゝ時は、波乱の生じた場合が多い。概して、良臣と云はるゝは順境の時であつて、忠臣と云はるゝは、逆境に処した事をさす。国乱れて忠臣あらはる。などの語もある通で、角立つた時の働きを、指さるゝものゝやうになる。その如く、女子の上に在つても、良妻とは、平素の其人の言行の如何によつて評定せらるゝが、節婦とか、貞女とか賢婦とか云はるゝのは、或ひは、其節操を顕す場合、其貞節を行ふた蹟、其才智を示した折に、多くは称呼せらるゝことのやうに思はるゝ。概して云はゞ、良妻は、猶賢女と云ふと、大差は無いが、賢婦と云ふよりは、やゝなだらかである者をさすと心得て宜いであらう。

## 一、良妻なるものゝ解釈

所謂、良妻なるものは、いかなる行を為して、而して其名に背かざるを得るかと云はゞ云ふ迄も無く、其夫の唱ふるところに順つて、善く其家庭を理め整へ、又善く貞粛の徳を全うして、他の侮を受くること無く、夫をして、毫も内顧の憂【10】無からしむる

【6】おだやかで温かみのあるさま。

【7】少しも非難するところがない。

【8】中国、唐初の政治家・学者。曲城（山東省）の人。字は玄成。太宗に召し出され、節を曲げぬ直言で知られる。（五八〇〜六四三）。

【9】中国、唐朝の第二代皇帝。李世民。諡号は文皇帝（在位六二六〜四九年）。初代皇帝李淵の第二子。母は竇氏。科挙制度を拡充するなど文治主義を徹底し、中央集権化を進めた。酒は飲めず、遊興を避けて政務にはげみ、余暇には読書を楽しみ書をたしなむ文化人であったという。『太平御覧』などの大部な書物の編纂事業を始めたことでも知られる。（五九八〜六四九）。

やうにあるべきであらう。

### 良妻の名称にかなへる行為

以上は、今古東西を通じて、まづ大抵異議は無からうと思はるゝのであるが、同じ、「夫唱へ婦従ふ」と云ふ中に於いても、ある事柄にあつては、大分問題が起ることであらうと想像さるゝ点がある。

### 夫婦のはじめ

### 一夫多妻

他の東洋諸国は暫く措き、我が日本では、太古即ち天地開闢の時に、伊弉諾、伊弉冊【11】の二神が夫婦道をはじめ給うたといへば、其起源は一夫一婦たりしに相違無いが、血統を重んじ、家格を貴んだ風習は、早くより、たゞ其子孫の断絶せんことを恐れて、知らず〱一夫多妻主義になつたとは云へ。其実藤原氏がある政治上の権略から、帝に二后【12】を勧め、自らも正妻を並べ置いた時代を除くの外、全くの多妻組織では無くて、たゞ子孫の多きを欲して、婢妾を蓄へたと云ふまでゞある。それ故、嫡庶〔ほんさいばらめかけばら〕【13】の分は極めて判然とした正しいものであつた。（それに、支那、朝鮮等でも、大抵さうである）然し、人によつては、名は世継を儲くるが為との託言【14】で、平然妾を蓄へ、其品行を乱して居つたやからも少なく無かつたには相違無い。兎にも角にも、よしや、正妻の数人が並び居らぬにもせよ。公然、一家庭の裡に妻妾を同棲せしむる習慣であつた場合に於いては、どうしても其夫なる人は、其夫のしむけが邪でも非でも【15】、まづ大抵は、忍びに忍んで、たゞ其己れに克つことを勉め、一家の平和を有つべく謹んだ

### 一夫一婦

### 従来の良妻

次第である。

然るに、西洋では、基督教の盛んになると同時に、一夫一婦の声言が厳重になつて、実際これを社会が実行するに立ち至つた。よし其裏面には、依然ある罪悪の行はるゝことの絶えぬにもせよ。兎にもあれ。家庭及び社会の表面は、燦然【16】として、文明の光華〔はな〕【17】を誇るに足るべく粧はれたのである。そこで、我れ〳〵東洋の天地、殊に善に移ることの速かなる、我が日本に於いても、近来一夫一婦は、社会徳義の淵源【18】なりと認めて、追々其風に傾いて来た。

士人【19】以上の家には、必ず妻妾のあるのが、普通であるものと心得て居たそのかみに在つては、夫が妻の外に他の婦人を愛し、且これを家庭の裡に蓄へても、妻は柔しく

【10】妻子のことや一家の家計のことなどを気にかけ、心を配る。

【11】イザナギ、イザナミはともに日本神話に登場する神。国生み神話で名高い。

【12】二人の后が並び立つこと。一条天皇に皇后定子（藤原道隆の娘）と中宮彰子（藤原道長の娘）の二人の后がいたことなど。

【13】嫡出と庶出。正妻からの出生と、正妻以外の女性からの出生。また、その子。正妻の子と妾の子。

【14】何かのせいにして言う言葉。口実。いいぐさ。かこつけ。

【15】どうあろうとも。何が何でも。

【16】きらきらと光り輝くさま。鮮やかなさま。

【17】美しく光ること。

【18】物事が成り立っているそのもと。根本。根源。

【19】武士（士族）階級。

夫が行のまゝに従ひ、聊かもこれを非難する等の事の無いのを貞女と称し、又これらの婦人を一つ家に置いても、家の裡に少しも風波を起さず、善く平和の天国を形造つて居るのをさして、良妻と称したのである。

### 現在の良妻

然るに、今は既に一夫一婦の家庭を以て、正当のものと認めらるゝに至つては、もしも、夫が、一家の裡に数妾を蓄ふることになつても、妻は決して、これを諫めもせず、止めもせず、たゞ柔順これ勉めて居たならば、世間の人は何と評するであらう。慨然な婦人である、兎も角も感心な女子であると言はう。今一つ進んで、貞女となると褒むる人もあらうが、良妻と称する声は、恐らくは聞かれぬであらう。然らばすなはち、現世の良妻なる人は、夫をして、数妾を蓄へしむるが如き、不品行に陥らしめず、一夫一婦の清き家庭に高尚【20】の楽しみを味はつて、それに満足するやうにしむけ、所謂女子が天賦の勢化〔インフルユエンス〕【21】によつて、和気其堂に満つ【22】を云はしむるやうでなければなるまい。それは、従来のたゞ柔順をのみ守つて居た者よりも、一層の働きを要するのである。

### 未来の良妻

扨これから、段〳〵国の位置も高まつて往かうと云ふ将来に於ける、所謂良妻なるものは、単に従来の如く、衣食住の取り扱ひを為すのみでは済むまい。同じ、老幼の監理と云つた所が、弱者の身体に注意せうとするには衛生生理の大体も、看護法の一亘りも、心得ねばならず、子女の教養も亦、其体育より始めて、知育徳育の方針を過らしめまいとするには、又これ決して容易で無い。況んや、其夫が品行の監理は、妻の責務なりとの語を嘉納〔よいといれらる〕【23】せらるゝに至つては、最早、夫の不品行を黙許するは、妻の無気力、無勢化をあらはすにて、却つて、夫の為に不忠実なるものと云はるゝであらう。左様かと云つて、これを極端に思ひ過つて、夫に異志ある時は、無暗に口喧しく云つて宜いものゝやうに考へ違ひなどをすれば、それこそ、常に家庭には風波が絶えず、殊に負じ魂なる男子は、燃ゆる火に、少量の水を濺ぐと同じことで、弥々其乱行の火の手を強くするまでゞあらう。故にいかなる世孰れの処に在ても、女子は猶、耐忍克己の徳を養成して、柔よく剛を制する【24】覚悟が無ければならぬ。斯くても、多数の女子の実力が進んだ暁には、みながみな尽く賢婦良妻たらずとも、亦其夫がすべて徳義に服従する善良の人ならずとも、社会の制裁によつて、自づから男子の我儘を制裁する

【20】学問・技芸・言行などの程度が高く上品なこと。

【21】影響力。

【22】家庭内になごやかな気分の満ち満ちているさま。

【23】人の進言、意見などを喜んで聞き入れること。

【24】しなやかなものは、かたくて強いものの鋭い矛先を巧みにそらして、結局は勝利を得る。転じて、柔弱なものが、かえって剛強なものに勝つ。（『三略』〔古代中国の兵法書。上略・中略・下略の三巻からなる。〕上略）

ことも出来るやうになるであらう。

## 二、良妻なるもの丶東西の評定異同

洋の東西を問はず、凡そ、婦人が不撓【25】堅忍【26】の力を蓄へて、爾も温和遜順の徳を備へて居るものであつたならば必ず称揚歓迎〔ほめたゝへよろこびむかふ〕せらるゝに相違無い。けれども、どちらかと言へば、敏活〔はしこい〕【27】な働きは無くとも、無難な柔順な女子を作るやうにと、導いたのは、東洋の俗で、活発な手腕のある婦人を悦び且褒めたのは、西洋一般の風である。（然し、東西の交通が、漸々頻繁〔はげし〕になつて、且其風俗も次第に混合して来ると同時に、各自の思想も、道徳の方針も亦、追々変つて来るのは、実に不思議なものである。

**嫉妬の戒**

それゆゑに、妻が夫に対しての行為、即ち婦徳の最も貴いものとしたのは、嫉妬の無いと言ふことである。「女の妬無きは、百の拙きをおほふ」【28】とさへ教へた程である。なる程、嫉妬は悪徳である。男女ともに深く慎まねばならぬことに相違無い。が然し、従来、わが東洋で、夫の不品行を、妻が不可なりと言つたからとて、直ちに其れを、嫉

### 離婚の夫に請うて妾を教ふ

妬なりとして退けるのは、酷である。よし、其諫めかたが善く無かったにもせよ。余りに男子の自分勝手と言はねばならぬ。然るに可憐なる貞女は、単へに其己れに克たんことを勉めて、夫の無情を耐らへ〳〵て、身は病に沈み、心は憂にくづされ果るまでも猶沈黙して、夫の為すがまゝに盲従したのである。

源頼朝が鎌倉に幕府を開かれた頃、鎌倉の賢女として、烈女伝に載せられた婦人がある。婦人は、鎌倉武士某（其姓名はあらはして無い）の妻である。夫が奥州へ長く出張して居て帰った時に、一人の遊女を伴うた。そして、其夫が妻に言ふには、「余は御身に勝る婦人を得たから、汝は今日限り離別するから、出で往くべし」と命令した。すると、妻は夫に答へて、「身のふつゝか[29]なるにより、飽かれまゐらせて、此家を追ひ出ださるゝは、誠に是非も無き事ながら、いか程、賢き婦人なりとて、家の勝手を知らずしては、定めて困難多かるべく、又わが夫にも、必ず不自由を感じ給ふべければ、其新らしき婦人の、家の事何かれと心得給ふまで、杠げて、庇の下にだに置か

【25】どのような困難にあっても屈しないこと。

【26】我慢強くこらえること。

【27】頭の働きや行動のすばやいこと。

【28】女に嫉妬心がないことは多くの欠点を隠す。女性にとって嫉妬心が最大の欠点である。

【29】気のきかないさま。行きとどかないさま。

せ給へ」と言ふ。夫「さらば新らしき婦人に計りて見ん」とて、頓て斯う〳〵と遊女に談つた。遊女も「其れ然るべし」と承諾したから、妻は直ちに、遊女に遇ひて家の事あらましを談り、其れより後、自らは夫に顔合はする事もせずして、家事の一切を、影になつて、手を取らぬやうに、細かに教へた。扨一ヶ月ばかり立つて、妻は「最早御身も能く心得給ひければ、暇給はりて出で往かん」といへども、遊女は、「今少し斯くて在せよ」と言ひて引き留めつゝ、婢女の為すべき事をまで、もとの妻に助け行はせた。扨、「今少し少し」と引き留めらるゝ程に、三四ヶ月も過ぎたによつて妻は「是非とも身の暇を給はれ」と強て請うた。其時、遊女は、主人にむかつて、「己れにも身の暇を給はれ」と言ひ出したので、主人は大いに驚き、「何故に斯かる事は云ふぞ」と問うたら、遊女が云ふには、「己れ此三四ヶ月、夫人の行を見るに、世にも得難き賢女にて在せり。これ程の賢女を妻に持ちながら、新らしき色香に迷ひて、情無く打ち捨てんとし給ふ。御身の心頼もしげ無い。我れも何時までか、御身の寵を受くべき。同じくは、此優しき夫人とともに、此家を立ち去るべし」と云ふた。主人は、大いに閉口してさま〴〵に宥めすかしたれども、聞き入れぬ故、遂にもとの妻に詫て、もとの妻を改めて夫人とし、遊女を妾として、同棲することゝしたので、やう〳〵遊女の心も和らぎ、妻も亦承諾して、両女同胞の如く、睦み暮したとのことである。其他難波の貞女と云

### 古人を思ひて自ら慰む

ひ、大内の夫人貞子【30】と云ひ、又た其夫の不品行を咎めず、且其妻を愛し睦んだところの人々を、節女と云ひ賢婦と称し、其家庭の平和なるを見て、単へに、良妻を得たと褒め悦んで居たのである。あはれ、これらの婦人は、精神を殺し、肉体を犠牲にして、たゞ其夫の満足を得ることをのみ、是れ務めたのである。

又支那でも、やはり同じ標準のもとに、良妻の評定は下したものと見ゆる。即ち、賢夫人として称せられた、衛の荘姜は、緑衣の詩を作つて、「緑兮衣兮　緑衣黄裏、心之憂矣曷維其已。又、我思古人実獲我心。」と歌つた。これは、夫の荘公【31】が愛妾に迷つて、己れを酷く取扱はるゝのを歎き、はじめには、正室が押し籠まれて、側室が威張つて居ると云ふことは、あるべき道理で無いから、心の憂はやむ時が無

【30】戦国時代の武将大内義隆の妻。万里小路秀房の娘。義隆（永正四～天文二〇〔一五〇七～一五五一〕）が京都にでむいて留守のあいだ、その側室に衣服をあたえ、和歌をおくってなぐさめた。側室が感激して、貞子に申し訳ないと尼になろうとしたが、貞子はゆるさなかったといわれる。

【31】中国春秋時代、衛の君主（在位前七五八～前七三六）。衛武公の子。斉の荘公の太子得臣の妹、荘姜を娶り、美人だったが男子がなかった。そこで衛の人は《碩人》（『詩経』衛風）を賦した。陳からは厲嬀を娶り、孝伯を生んだが夭折した。その妹の戴嬀は桓公（公子完）を生み、荘姜はこれを自分の子として養育した。また愛妾は公子州吁を生み、荘公が寵愛したが、州吁が兵事を好んだために荘姜は憎んだ。大夫の石碏が荘公を諫めたが聞かなかったという。

いと歎き、終には、それをあきらめて、古の賢婦人もやはり、我が如く夫につれ無くせられた事がある。決して、我が身ばかりでは無い。其時の心と、行とを追想して、我が心を修むることが出来ると云ふた。すなはち、女子が夫に虐待せらるゝに於いては、それを那方へも訴ふべきで無いと、自らの拙き運命に安んじて居た。かやうな婦人を賢婦貞女と称したのである。

### 夫に寵姫を薦む

又、支那の戦国時代、楚荘王【32】の夫人樊姫は、其時の宰相虞丘子が、王のために、賢臣を推薦せぬことを不可〔よくない〕として、王に云ふた詞に、「妾が王に侍してより此方、十一年間に於いて、妾より賢なる女子を二人、妾と同列の女子を七人まで薦めました。人誰れか寵愛一身に集まらんことを欲せざる者がありませう。けれども、妾はひとへに、王が各種の人の才能を、後宮の内にも見ことを得て、其見聞常識を博め給はんことを希ふが故に、斯くは才色兼備の女子を許多推薦した次第であります。」かやうに申した樊姫は、実際これを行うた。こはひとり樊姫のみでは無い。賢后、賢夫人と称せられし人は、大抵同様な行為をなしたのである。それは、賢婦良妻たる者は、其夫のために、立派な妾を薦むるを以て手柄とし、且これらと親睦して、一家を平和に治むることを、勉めたのである。誠に其情を殺し、己れを捨てゝ、献身的其夫に尽す真心は、深く感じ厚く賞すべきであるが、自ら進んで寵人を夫にまゐらするまでに至れるは余りに道を行はうとして、却つて、天倫を乱る次第である。然しこれは、一般の女徳の標準が間違つて居るのであつて、一人其道を励行した人を咎むべきで無い。否寧ろ其克己堅忍の強い点は、大いに賞揚すべきではあるまいか。

### 夫の為に朋友に絶交せらる

然るに、西洋ではこれと全く反対の方針を取つて居る。彼の有名なる、英国の政治家サー、チヤールス、ヂルク【33】の夫人は、ヂルクがまた極めて年少の頃、許嫁の約が成つた後、大いに印度の女子教育を、開発しやうとして、自ら進んで、印度に渡り、専ら其事に従つて居つた間に、母国に於いて、不幸にも、最愛の未来の夫は、姦通事件によつて、本夫より訴へられた。すると、夫人の友達の過半は印度に電報を送り、又は書を寄せて、速かに腐敗せる破廉恥漢と離別せよ。然らざれば、我れ御身と絶交せんと云ふ意味を此所彼所より云ひ遣した。然るに、夫人は、其れらの友達には答へないで、却つて、左の意味の電報をヂルクに送つた。其れは斯であつた。「我が親愛なる未来の

【32】中国春秋時代の君主（前六一三～前五九一）。穆王の子。楚の歴代君主の中でも最高の名君とされ、春秋五覇の一人に数えられる。樊姫（?～前五六四年）は夫人。一説に共王の母とされる。

【33】チャールズ・ディルク（Charles Dilke, 一八四三～一九一一）。イギリスの政治家。自由党左派に属し、王政に対し批判的で理論的には共和制主義者。ここでの夫人とは最初の妻の死後に再婚したエミリア（Emilia Francis Strong, 一八四〇～一九〇四）と思われる。エミリアは作家、美術史家、フェミニズム運動家。

夫よ。わらはは、社会の一般が、御身を不義なりと認むるとも、わらはは御身を確信す。希くは前の契約を続けよ。」とあつた。ヂルクの驚喜は実に非常で、必ず、未来の夫人よりは、離婚の請求を申込まるゝものと信じて居たところへ、斯くの如き電報を得たのであるから、直ちに満腔[34]感謝の意を述べて、返電した。そして、数年の後、夫人も帰国して、慶たく華燭の式を挙げ、互ひに伉儷睦じく、夫ヂルクも、夫人の真心と、且其内助の力に、深く信頼して、更に品行上の非難も無く、一家極めて、和楽であつた。けれども、其離婚を勧めた、夫人の友達はみな大抵絶交して、二十余年の久しき今日まで、其交際はありし昔、夫人が嘗て、伯爵の令嬢たりし時の十分の一にだも達せずと云ふことである。して、其女友達の説は、ヂルク夫人は、貴族の家に生れ、高等の教育を受け、且其才能と知識と能く理非を分別し、能く自助独立の道を行ひ得らるる身を以て、腐敗男子の情に溺れ、愛に引かれ、身を濁浪中に投じて、婦人社会の面目を塗抹し去つた。凡そ男子の品行をして、善く高潔に導くを得る所以のものは、ひとり、女子が制裁の力に在り、社会を清むると否とは、唯一に、女子の覚悟如何に在るべし。然るを、夫人は何故に一般女子の面目を思ひて、自らの情を殺すこと能はざりしか。これ全く、英国婦人のすべてを侮辱したものである。不義なる夫に配するは、猶其不義をともにする道理であるから、気の毒ながら、我れ〳〵の仲間を省かねばならぬ

### 不品行なる夫に離居を求む

と云ふことであるさうな。

これもやはり、英国の某夫人は、夫が不品行を諫めて用ひられなかつたからと云つて、自ら離居を求めて、母より譲られた、田舎の別荘に引き籠り、唯神を信ずること丶、貧民を恵むこと丶を、毎日の務として居た人がある。それは、其頃は、夫が屡〳〵先非後悔のむねを通じて、還るを勧めたけれども、一向に聞き入れず、一子の塾に居る者も、遠方からわざ〳〵来て母の考を聞いたけれども夫人は口を緘ぢて、何とも云はなかつたとの事であつて、此夫人は、誠に立派なる夫人正義な夫人高潔な夫人と知ると知る人は、深く賞讃尊敬して居た。それは女子の体面を立派に有つ人であると感心されて居たのである。然し前にも述べたやうに、東西今古を通じて、これならば、良妻と称して差し支へ無いと云ふ人も、亦決して少なからぬのである。但し、善悪の標準も、時勢の変遷に連れて、変ることが多い。其大体の綱紀の外は、世と時とに従ふものから、こ丶に今、良妻伝の中に掲げた人でも、其評定の是非は、萬代不易と云ふ事は出来ぬのである。

【34】からだ全体。胸いっぱい。満身。

# 第三章　東洋の良妻伝

## 一、閼伽桶の酒、能く蟄龍を活す

土肥実平妻

兵衛佐[1]源頼朝は、平家討伐の義兵[2]を挙げられたけれども、軍機未だ熟せず、軍勢猶集まらざる間に、平家の大軍に攻め立てられ、遂に石橋山に破れて、辛く土肥の杉山に、土肥次郎実平[3]等とともに、逃げ籠られたが、平家方の大庭[4]、梶原[5]が党[6]に取り囲まれて、僅の兵糧も尽き果てた。数十騎の主従、今は坐して死を待つより外に、

【1】兵衛府（律令制の官司の一。宮門の守備、行幸・行啓の供奉、左右両京内の巡視などをつかさどった。左右二府があり、四等官のほか兵衛四〇〇人などが所属）の次官。

【2】正義のために起こす兵。

せん方無しと思ひあきらめたる折柄、苦行の法師の樒[7]と水とを持て来たり。さては、此世の罪障を消して、極楽浄土に赴くべく、最期を勧むるためにかとて、其近寄り来るを見れば思ひがけ無く、土肥が家に止めて置いた、老党の某が髪を剃り、黒衣を纏うたのであつた。主従は再び驚いて、猶能く見たらば、樒をおほひかけた簀[8]の中には食物を入れ、閼伽桶[9]には酒を湛へてあつた。其故を問へば今道心[10]の老党は答へて、「これは夫人が才覚によつて、敵の目を忍ぶために、かやうに計らひ給うたのである。」とて、猶落ちのび給ふべき策なども献じた。その為に頼朝も実平も、虎口を脱して[11]、こ

【3】鎌倉初期の武将。相模土肥荘に住み、土肥次郎と称した。源頼朝の挙兵に加わり、治承四年（一一八〇）八月の石橋山の合戦（大庭景親ら平氏方が源頼朝を破った戦い）などで戦功をあげ、奥州征伐や頼朝上洛にも随行した。生没年不詳。

【4】大庭景親。平安後期の武将。相模国（神奈川県）の人。平氏の支族。源頼朝を石橋山に破ったが、のち頼朝再挙の時に捕えられ斬られた。?～治承四年（?～一一八〇）。

【5】梶原景時。鎌倉前期の武将。通称、平三。石橋山の合戦で源頼朝を救い、のち、侍所所司となった。頼朝死後、幕府に背いて討伐を受け、一族とともに戦死。保延六～正治二年（一一四〇～一二〇〇）。

【6】中世、地方の豪族が自己保全のために結成していた同族的な武士集団。

【7】木の名。香りがあり、墓地に植えたり、仏前にそなえたりする。

【8】土を運ぶ竹かご。

【9】仏に供える水を入れるおけ。

【10】仏門に入って門もない人。ここではかりそめに僧形となった老党のこと。

の杉山を忍び出で、再び東国に旗を挙げられた。

**奴婢恩に懐く**

**敵状を偵察す**

抑も、土肥実平が妻は、才智賢く慈悲深く、常に己れを約にして、能く人を助けた。その故に、許多の奴婢等は、みな其徳に懐いて、為に身命をも致さうと願ふに至つた。夫実平が、時として、疎暴の行をなし、家僕どもを叱り懲らし、打敲きなどすることあれば、妻はいつも、それを諫め止めて、宥め慰むるのであつた。頼朝が嘗て以仁王【12】の令旨【13】を奉じて、平家討伐の旗を挙げ、実平をも勧誘せられた時、実平は猶、平家の勢力の盛なるを恐れて、狐疑〔ためらひうたがふ〕【14】して居たのを、妻は傍より諫めて、「東国の武士はもと源家恩顧の輩にて候はずや。さるを今、平家に服従してあるは力の足らざるが故にて、実に已むことを得ぬ次第にて候ふ。然るを今、佐殿【15】義兵を挙げ給はんとす。義に於いて、まづ第一に馳せ参じ給ふべきなり。況んや、佐殿は威ありて猛からず、策多くして智慧深かり。大事を成し給はんこと疑ふ可らず。何とて徒らに思ひためらひ給ふぞ」と云ふたによつて、実平も遂に意を決して、頼朝の陣に参入したのである、さて後、頼朝が戦ひ破れて、杉山に隠れられた時には、老党を法師の姿に粧うて、前述の如く、兵糧を搬ばせ、敵の動静を告げ知らしめたから、主君も良人も難無く、其所を脱出づる事が出来た。其れから又、実平が妻は、三浦【16】、畠山【17】が戦のもやう、形勢の如何などまで、細々と文に認めて、夫のもとへ送つた故に、頼朝は、こゝに戦略を運らして、忽ちに安房[18]、上總[19]を伐ち従へられたのである。斯くて、実平が妻は夫の留主を固く守つて、能く軍器兵糧を送り参らせ、又能く士卒を撫で安んじたから、夫は毫も内顧の憂無くして、終始、頼朝に扈従[20]し、大功を奏することを得たのである。


【11】危険な場所、状態から逃れる。

【12】後白河天皇の第三皇子。治承四年（一一八〇）源頼政と謀り、諸国の源氏に平家追討の令旨を下したが露見。頼政とともに兵を挙げたが戦死。三条宮。高倉宮。仁平元～治承四年（一一五一～一一八〇）。

【13】皇太子・三后の命令を書き記した文書。のち、親王・法親王・女院などのものもいう。りょうじ。ここは、以仁王が平家討伐目的で出した命令書。

【14】相手のことを疑うこと。

【15】源頼朝のこと。

【16】三浦義明。平安後期の武将。相模の人。三浦郡の豪族で、源頼朝の挙兵に呼応して子の義澄らを遣わしたが、自らは平氏側の畠山重忠らに攻められ、衣笠城で戦死。寛治六～治承四年（一〇九二～一一八〇）。

【17】畠山重忠。鎌倉初期の武将。武蔵の人。幼名、荘司次郎。源頼朝に仕えて源義仲追討、奥州征伐などに戦功が多い。のち北条義時と戦って戦死。長寛二～元久二年（一一六四～一二〇五）。

【18】旧国名の一。現在の千葉県南部を占める。房州。

【19】旧国名の一。現在の千葉県中部にあたる。かみつふさ。

【20】貴人に付き従うこと。また、その人。

能く留主城を守る

## 二、素山の饗応は是れ娘子軍　真田信之妻

豊臣秀吉の没後、数年ならずして、天下また漸く乱れんとし、奥州会津には、上杉景勝【21】謀反すと伝へたから、徳川家康は、諸侯の軍勢を催促して、東国に下向せらるゝにより、真田安房守昌幸【22】同伊豆守信之【23】も手勢を率て、領土信州上田を発足し、野州【24】佐野に到つた時、石田三成が密書を以て、豊臣秀頼に与力あるべきよしを勧誘したので、昌幸は、遂に心が動いて、其所より窃かに取つてかへした。子息信之の居城は、上州【25】の沼田であるから、夜に入つて、其城下に入り、まづ使を城中に遣して、「今宵はその城中に休息も致し、且愛孫にも対面致したければ、此旨諒せられよ」と云はしめた。すると、留主を守つて居た、信之の妻は、早速、使者に問はしむるには、「舅君には、何故内府公家康に別れて、ひとり俄に中途より御帰城相成し次第であるか。」とあるに、使者は、「何故かは、存じ申さず、唯火急の御用との事にて」と云へば、夫人重ねて、「然らば豆州殿（信之）御同伴なるか」と問ふ。使者、「いや、左衛門君（幸村）のみ御同伴にて候ふ」と申す。こゝに於て、夫人は更に云はしめた。「己れは不肖なれども、夫の城を預りて留主する者で御座りますゆゑ、夫の許し無き間は、たとへ舅君にても

誰にても、入れ参らすること協はず、達て御入りあらうとならば、己れまづ子供等を刺し殺し、自らも相果てました後、城には火をかけて焦土とした上に、御渡し申しませう。それ然る可らずとの思召すならば何卒城外の市中に御宿遊ばさるべし」と云はせた。使は驚いて走り還つて。「夫人の命せはかやう〳〵」と復命し、さて又、「臣が還つて参りまする時、既に馬物具は調へられ、城の櫓には、弓矢を備へて、合戦の準備を致されて居りました」と申すに、昌幸は太息をついて、「我れ過てり〳〵卒爾【26】の事を申し出して、面目を失うた。ア、わが娘はさすがに、本多が女ほどある」と云つたまゝ

【21】安土桃山時代の武将。上杉謙信の養子。豊臣秀吉に仕え、会津藩一二〇万石の領主。五大老の一人。関ヶ原の戦いで敗れ、出羽国米沢藩三〇万石に移封。弘治元～元和九年（一五五五～一六二三）。

【22】安土桃山時代の武将。信濃の人。上田城主。武田信玄・豊臣秀吉・徳川家康に仕えた。関ヶ原の戦いでは豊臣側に与し、次男幸村とともに徳川秀忠の西上を阻止。西軍敗北後、東軍に与した長男信之の取りなしで死罪を免れ、高野山麓九度山に蟄居。天文十六～慶長十六年（一五四七～一六一一）。

【23】安土桃山・江戸初期の武将。上野国沼田城主真田昌幸の子。初名信幸、通称源三郎、伊豆守。文禄二年（一五九三）沼田城主となる。慶長五年（一六〇〇）の関ヶ原の戦に、父や弟幸村は西軍にくみしたが、信之は徳川秀忠の先鋒として父の居城、信州上田城を攻めた。翌年上田城に移り九万五〇〇〇石を領する。元和八年（一六二二）に松代に移封され、旧領とともに一三万五〇〇〇石を領し、松代藩の基礎を固めた。永禄九～万治元年（一五六六～一六五八）。

【24】旧国名の一。現在の栃木県。下野。

【25】旧国名の一。現在の群馬県。

【26】にわかなこと。だしぬけ。突然。

**舅を野営せしむ**

**能く衆の心を結ぶ**

で、又何事も云はず、市中に一宿して、翌朝はう〳〵の体で発足した。然るに、信之の妻は、其夜、俄かに夥しき酒肴を整へ、男子を遣はしたならば、若し何かの行違から、闘争を引き起すやうなことがあるかも知れぬとの懸念で、侍女三十余人に、襷、鉢巻かひ〴〵しく、いでたたせ各一刀を腰にして、用意の酒肴を持ち搬ばせ、「夫人は頑であつて、不幸にも舅君を、城中にて饗応参らすることが協ひませぬ故、俄かの調理にて、御口には召すまじけれど心ばかりの献上物、御受納ありて、長途の御労れ、聊かにても慰め給はゞ、有難き仕合」との御事なりと云はしめた故、昌幸は苦笑して、丁寧に其厚意を謝した。扨これより、舅の昌幸と、次男の幸村とは西軍に属し、夫信之は東軍に属し、親子兄弟別れ〴〵になつて、相戦ふと云ふ是非も無き世のありさまと成つたので、夫人はつら〳〵思ふに、城中に止まり居る老人子供婦人達も、みな骨肉が、西や東にたち別れて、敵となり味方と成つて居ることゆゑ、其去就が誠に解り悪い。疑つて見れば、誰も〳〵心の許さるゝ者は無い。左様かと云つて、此方に不安の色が見ゆるやうでは、益々彼れらにも不確実なる心を生ぜしむる道理であるから何でも人々をして、徳に懐く【27】やうにしむくるが肝要であると考へた。

扨それからは、夫人は一層留守の家族に注意して、病人があれば、自ら屡々見まうて薬を与へ、又は医者を遣はし、老人子供には度々種々の慰み物を贈り、且又折々に饗宴を開いて彼れらを招き、家人が憂愁を慰謝することに勉めた。又夜間には必ず自ら六七人の侍女を従へ、小具足【28】に身を固め、薙刀を手にして、陣中を見廻り、非常を戒め、夫のもとへは、城中は極めて静穏であるから、御心置き無く、軍務に力を尽し給へ」と申し送られた故に、信之は、安心して、終始志を変ずることも無く、且能く軍功を立つることを得たのである。

## 三、義の為には、妻子をも捨つべし。真に是れ丈夫の本領

毛利勝永妻

千石の采地〔れうぶん〕は、僅に数人の家族が饑渇をさゝふるに過ぎず、三尺の弧剣猶能く英雄の肝胆を照らすも、昨日に変る土佐の謫居は一つとして憂を添ふる媒とならぬも無けれど、綾羅の袖は綿麻の衣に更へても、心の花弥々匂ひやかに姿の美まだ衰へず、

【27】親しみなつかせる。

【28】甲冑の付属具。籠手、臑当、佩盾、面具の類の総称。

謫居に能く夫を慰む

旦暮夫の傍らに侍して、毫しも憂苦の色を見さず、或は慰め、或は励まし、家庭の天国を形作りつゝある賢なる妻の厚意に紛れて、今日と暮らし明日と明かし、早く十余年の星霜を経来たつた、毛利豊前守勝永【29】は、今宵も妻【30】の慰めに、やゝ愁眉を展べて、さま〴〵の物語の序に、「我れ智足らずして、前には石田三成に組し、無謀の合戦に打ち負けて、斯くの配流の身と成り、罪も無き妻子にまで憂目を見することの憫然さよ」とて歎息した。妻は夫の面を仰ぎ見て、「こは今更に何とて左様の事を命せらるゝぞ。凡そ、女は一たび夫に嫁きては善きも悪きも夫に従ふが習ひなれば、猶此上の憂目を見、よしや命を失ふとも、何かは悲しみ歎きませうぞ。若し、御心の中に忍び籠め給ふことあらば、包まず命せ下されよ」と申したから、勝永は重ねて、「御身も薄々聞き知つたであらう。今度大阪にては、弥々徳川家討伐の軍議があるとの事、我れは豊臣恩顧の臣なれば、窃かに大阪に忍び登りて、亡びるも興るも、運を主家と諸共に致したけれど、我れ再び西陣に馳せ参じたりと知られなば、憂目は必ず妻子の上に及ぶべしと思へば、張り詰めし心も弛びて、腸も寸断せらるゝ心地がする」とて眼をしばたゝいた。妻はつく〴〵と是れを聞き居たが、覚えずも小膝を進めて、「君は何故に斯く心弱く御成遊ばされしぞ。義の為には妻子をも捨て給ふべし。真に是れ丈夫の本領に候はずや。己れは、君が空しく土佐の土塊と成て果て給ふを見んよりは、寧ろ大義の下に、名誉の戦死を遂

情を殺して義を話す

げ給ひしと聞くことを悦びます。況して、数ならぬ我が身は、縦令如何やうに成りましても、つゆばかりも惜しとは思ひませぬ。連類の罪が妻子に及ぶに至りましたならば、潔く幼き者を刺し殺して、死手の御供を仕るべければ、早く出陣の御用意を遊ばされよ」と立派に云ひ放つたので、勝永も大いに悦び心を決して、同国を忍び出で、障ること無く大阪に籠城したが、豊臣家の武運拙くして、落城に及んだ時、勝永は天王寺に於いて、勇戦奮闘して、見事の戦死を遂げた。然るに、山内土佐守忠義[31]は、深く勝永の妻の貞節賢徳に感じて居られたから、詳細に、其状を具申して、罪を問はるゝことの無いやうに取りなされたので、徳川将軍よりも、特別に宥恕[32]の沙汰があつた。忠義は爰に於いて、この妻子等を城内に養ひ、厚くこれを遇せられたとの事である。

【29】織田・豊臣・徳川前期の武将。関ヶ原の戦いで西軍に属し、敗れて父とともに土佐高知藩主山内一豊にあずけられる。慶長十九年（一六一四）子の勝家と脱走して大坂城にはいり、二〇年五月八日、夏の陣で落城のとき自刃。?～元和元年（?～一六一五）。

【30】竜造寺政家の娘（安姫）として有名だが、実際はこの時点では亡くなっていたため、別人らしい。

【31】江戸時代前期の大名。山内康豊の長男。伯父山内一豊の養子となり、慶長一〇年（一六〇五）土佐高知藩主山内家二代をつぐ。文禄元～寛文四年（一五九二～一六六五）。

【32】寛大な心で許すこと。

事に当りて騒がず

## 四、温容玉の如く、気節剣の如し　千代姫

千代姫は、三代将軍徳川家光の息女で、徳川光友尾張侯の妻となられた人である。姫は容顔端麗〔たゞしくうるはし〕にして温乎〔むつくり〕としたることが玉のやうにあつたけれども、気象は雄々しく確乎として居ること、また男子も遠く及ばぬ程で、是を仰ぎ見る者は、威儀に打たれて、覚えず首を下げて平伏するやうであつたとの事である。姫は常に夫光友を助けて、仁政を布き施さしめ、奥向の女中を教へて婦道を守ることを勉めしめられた。ある時、中山義兵衛と云ふ者が、発狂して抜刀で、奥局へ乱入したので、女中どもは、右往左往に逃げ迷ひ、其騒動一方ならなかつた。姫の傍に居た、上臈[33]の五条の局といふ人も、驚いて立ち上らうとしたのを姫は静かに制して、「今に係の男どもが、取り鎮むるであらう。傍の者まで、立ち騒ぐは見苦しくある」と云つて泰然として居られるので、上臈も恥ぢてもとの座に復した。程無く発狂人は自ら井に投じて、騒動は静まつたが、其時姫が乳母の子なる局が斬り殺されたよしを聞かれて、深く傷み歎かれ、厚く葬儀万端の事を捌いてくれた。中山が嫡子の妻は、この殺された局の女であつた故、姫は、「非常の時には、忌服の遠慮は入らぬ」とて、側近く招ぎ寄せ、「母の横死

機に臨みて変に通ず

迷信に陥ず却つて利財の道を知る

は憮悲しかるべく、又切害者は恨めしく思ふであらうけれども、彼れは既に御法通りに捌かれた事であつて、且は発狂の事であるから遁れ難き宿縁と諦らめよ。但し亡き人の為には、心の限追善供養せよ」とて、又厚く賜物せられた。又、長子の若殿の奥方附の局某が心得違の事があつて、舎弟の奥方を毒殺しようと云ふ、恐ろしい巧をしたのを、姫は早く察して糺問し、局は罪悪を自白するに至つた。其頃の慣例に、重き罪科ある者は、領国へ遣はし、重刑に処せらるゝことであつたが、姫は左様の事を成しては、隣国への聞えも如何なる上に婦人の事でもあれば、枉げて秘密に執り行ふ方然るべしとあつて、内々に落着するやうに計らはれた。又ある年の夏、大雷があつた時、飲料水の井の中へ落雷した。此頃は何かにつけて、迷信の強い折からであつた故。その井戸は不吉なれば、別に堀り改むべしとの議が起つた。然るに、姫はこれを止めて、落雷のありし儘に使用するが宜しからずとならば、能く井戸換をして後もとの如く水を使用せば然るべしと思ふ一つの井戸を新たに掘るは費用多くして勿体無い然し強ひて人の心を破るにも及ばず」と云はれたのが、至極道理であつたから、其井戸を使用することゝなつた。斯くの如く、姫は万事に行届いて、而して恩威【34】并び行はれた故、姫

【33】江戸幕府大奥の地位の高い御殿女中の職名。

【34】目下の者に対する恩恵と威光。

の在世中は、内外上下其徳に懐いて、人みな平和を歓び楽んだと伝ふる。

千代姫は、高齢をたもつて逝去せられたが、其永眠の朝は、髪を結はせ、化粧をして、姿勢端然として臨終せられたとの事である。

## 五、織手編み得たり錦襴の書　稲生恒軒妻

温良貞淑の聞え高き稲生恒軒【35】の妻波留子は河瀬外記といふ人の女である。波留子は、五歳の年に母を失つて、継母の手で育てられたが、継母に事ふることが誠に孝順であつて、実母と雖も、此上の事へ方はあるまいと噂せらるゝ程であつた。然るに、不幸にして継母も亦、世を早うした後は、その所生の子、即ち異母兄弟を慈み助くることが、恰も我が生の子を取り扱ふやうに親切でそして、年少の身に、家事一切を引き受けて、少しも不都合の無いやうに整理して居た。少女時代からして、斯くの如く、人並優れた波留子は、稲生家に嫁して、良妻の名を擅にしたのは、敢へて怪しむに足らぬ次第である。

波留子が同家に嫁した当時は、舅姑は大阪に住んで居られたので、四季折々の衣服

其他心の限さま〲の物を贈り、書状を寄せて舅姑を悦ばしめたが、其夫とともに、淀に移つた頃は舅は既に没して、姑母のみ残つて居たので、一層心を尽して孝行をした。

### 倹素博愛

又波留子は性質奢侈〔おごり〕を憎んで倹素〔つゝまやか〕を好み、常に人の為に益あることを勉めて、慈悲をむねとし、奴婢を使ふに恩と威と能く并び行ふた。加之波留子は女工【36】に巧であつて、裁縫、補綴【37】、紡績一切の事をすこしも人手に任せなかつた。波留子は又殊に文章にも達して居て日記は必ず細かに自ら記し、親戚朋友間の音信も怠ること無く、且一家の書籍器具等の目録出入贈答までも、詳細に記して、少しも手落無いやうにして置いた。

### 女訓七巻

猶、実母の事は、他人から賢明な婦人であつたやうに聞くなれども、自分には幼少で別れた事故、容貌さへも判然記憶して居らぬ事を歎き、老人達を尋ねて其言行を記し匣底を探つて其手書を求め出だし、彼れ是れを補ひ綴つて七巻として、婦道の要領から、齊家【38】の法までも書き列らねて、子孫に残した。又波留子は、夫家の先祖の忌日には、必ず丁寧な供養をして、仏事を営み、自らのは、唯其日を慎み、心に弔して、決して、費用等をかけず。常に観音経【39】を誦し四書【40】を読み、夫及び子弟の

---

【35】江戸初期の医家。名は正治。字は見茂。若水の父。医学を古林見誼に学び、淀藩主永井尚征に仕えた。慶長十五～延宝八年（一六一〇～八〇）。

【36】女の手仕事。

【37】破れなどを繕いつづること。ほてつ。

【38】自分の家庭内をきちんとおさめること。

朋友も、其良と思ふ人々にはなるべく、交際を厚くするやうにしむけ、其良からずと思ふ者は、漸々に遠ざけて、自づから近づき親しまぬやうにし、より〳〵に諫めて不道に導かれぬやうに注意した。斯くて、波留子は元禄八年に、齢七十七歳で没したが、其没する前に、彼の教訓の書七巻に、猶女子の心得となるべき事どもを記したる書を加へて、我が子どもと親戚の女子とに頒ち与へ眠るが如く没したのである。

## 六、有れども無きが如く盈つれども虚しきが如し

北山朴翁妻

信州松代藩の医師北山朴翁【41】の妻は、彼の有名なる佐久間象山【42】の姉である。婦人は幼少の頃から、俊秀気抜なる弟とともに成長して、同じく敏活な少女であつたが、此天才は幸か不幸か父母は、其余りに、男らしく且鋭敏なる性質を気遣つて、「此様な女子に学問などをさせたら親の手にも余るやうな者にならうから、能く女工【43】を修めさするがよい。且、子息があゝ云ふ聞かぬ気で、何事をし出だすか解らぬと、有司［やくにん］【44】のめん〳〵にも、眼をつけられて居る次第故、息女の婿はなるべく柔順しい篤実な人を

## 不遇の配

選ばねばならぬとの相談があつた末、遂に北山家へ嫁りすること、なつた。敏活にして気鋭なる少女もさすがに、家庭の訓厳しければ、心の外なる婚姻を否ともつひに拒みかねて、思はぬ人に嫁いだのであるが、夫の朴翁は甚だ寡言の質である故、折々交際する程の人には、左程其短所も解らなかつたのであるが、さて其家に立ち入つて見れば聞いたよりも愚鈍の人で誠に戻かしい事のみ多いのであるから、刀自【45】は一時失望の余り、病にも沈まうとしたが、さすがに悧発なる婦人ゆゑ、我れと心を励まして、斯く賢しからぬ夫に嫁いだのも遁れ難い宿縁であらうから、如何にもして夫を助け、世に立つに恥かしからぬやうにして見ようと云ふ決心を起し、其れからと云ふものは、夫が往復の書信より、他と応対の詞に至るまで、みな一切刀自が助言に成らざること無

【39】法華経第八巻第二五品の観世音菩薩普門品の別称。観世音菩薩の衆生救済のさまを説き、その名を唱え供養することを勧めたもの。観世音経。

【40】大学・中庸・論語・孟子の四部の書。

【41】松代藩（現在長野県長野市）の医師。象山の姉お恵が嫁いだ。

【42】幕末の学者。開国論者。信州松代藩士。象山は号で、一説に「ぞうざん」。江戸で佐藤一斎（下田歌子と同郷の美濃国岩村藩の家老（佐藤信由）の次男で儒学者。昌平黌の儒官）に学ぶ。のちに蘭学を修め、西欧の科学技術の摂取による国力の充実を主張したが、京都で攘夷派に暗殺された。妻は勝海舟の妹。文化八～元治元年（一八一一～一八六四）。

【43】注36参照。

【44】役人。官吏。

【45】家庭の主婦。ここでは北山北翁の妻のこと。

夫を薫陶す

文学に妙女工に巧

く、殆ど巧な人形使が操釣人形を使ふが如く、又恰も慈母が小児に教ふるやうにもてなした。然る程に、夫の朴翁は才智こそ無けれ。もと正直篤実【46】の人なるゆゑ、深く妻の内助に信憑して、何一つとして、敢へて己れ専にせず、仮令ば、本職の治療のことさへ、如何したら宜からうと、思ひ惑ふことは一々妻に相談して、取り行ふたが、案の如く、妻の助言は必ず、其当を得て成功したから、益々敬愛の度を高めた。このゆゑに、夫の声価も段々宜くなつて、家計むきなどは、次第に裕に成つたから、刀自は只管、夫を助け子を教ふることに、力を尽して、刀自の心の中の不満を取り除いては、一家の内、常に和気に満たされて居るやうに見えたのである。

刀自は、生れながらにして、文学の才あり、又、愛国の心深く、大局に通じ、籌策【47】に富み猶生家の弟にも助言して、其大望を達せしめんと勉め、実に丈夫の魂を具へたる婦人であつたが、外見［みかけ］は甚だ和かな優しい人であつて、殊に絵画、女工に巧妙を極めたのである。例令ば方一寸の片さへあれば、これを解きほぐして見て工夫し、如何なる綾羅錦繡でも、必ず織り出だした。勿論、刀自は、其生家に在つた時分、弟の象山が修めた蘭学【48】を、盗み読んで、深く理化学の研究に心を潜めたのであるから、

【46】人情にあつく実直なこと。誠実で親切なこと。

【47】はかりごと。計略。策略。

機の器械も、自ら新意匠を懲らして、改良調製せしめ。織物の下画も自ら新意匠を添へてゐがき、又、染料のある物は、遠く長崎の市に求め、或ひは自ら山野を渉つて、木の皮草の実などを摘み、これをさま〲に製し試み、我が家の椽の下には数十個の瓶を活けて、其所に染料を貯へ自ら養蚕紡績、染工、機織、裁縫のことまでも担当して家人の衣服を調製し余りあるは、売りて家計を助けたので、前述の如く、北山家は年々に富み且裕なるに至つたとのことである。

斯くて、刀自は、未だ壮年にして、夫の朴翁にも後れたので、その後は、専ら子女の教養に心を尽し、傍ら、女工と文学絵画等を以て、自ら慰めた。

刀自は、能く夫を助けて、家計を裕ならしめたけれども世嗣の子がまだ成年に至らぬ程に、不幸にして、夫が没したゆゑ、縁も甚だ薄くなり、生計も次第に困難になつたが、刀自は少しも屈せず、益々自ら女工を勉めて、潤益を得、子女の教育には金を惜まずして投じ、己れは常に倹素を守つて、身を終るまで、美服を着くる等のことを為さなかつた。刀自は、又常に我が子及び親戚の子どもに、漢学の講義、文章の添削等をなして、学問を励ましたるのみならず、老年に及んでは、成年の男子にも業を授けられた。

刀自ある時、江戸在住なる外孫が、手製の物品を贈るとて、其母なる人、即ち我が女のもとへ、左の意味の書状を与へた。「別封の小袋は、我が多年手織にした、さま〲

### 無用を有用とす

の片の端の細いのを継ぎ合はせたのであるから、遠方に居る祖母の手の跡であることを、孫女に示めされよ。尚又、物は些少なりとも捨てずに集めて置いて丹精をすれば、有用の品になるものであることを教へよ。女子は殊更に、倹素を勉め、緻密の性質を養成すべきことを忘るゝな」と云ふやうに書き記されたとの事である。刀自の如きは、誠に良妻の好模範〔よいてほん〕と云つても能い婦人であらう。

## 七、一壺の食物三軍を防止す

### 曹の僖負羈妻

支那春秋戦国の頃、晋【49】の公子重耳は、内乱を避けて、斉【50】の国に落ち延びられた時、途に曹【51】を過ぎて、宿泊を依頼せられた。然るに、曹の恭公は暗愚であつて、是非曲直を弁へず、重耳が落魄を侮つて、不敬の取り扱ひをしたので、重耳は怒つて、其

【48】江戸中期以降に起こり、オランダ語によって西洋の医学のほか数学、兵学、化学などを研究した学問。

【49】中国、河内温（河南省温県）の司馬氏が建てた王朝（二六五～四二〇年）。都が洛陽に置かれた時代を西晋、都が江南の建康（南京）にうつった三一七年以後を東晋とよぶ。

【50】中国の王朝（五五〇～五七七年）。北斉、高斉ともいう。

能く人を鑑る

郷党の柱石

翌日未明に曹を出発した。然るに、是国に僖負羈といふ紳士があつた。其妻は甚だ賢い婦人で、常に夫を助けて、善く其家政を整理して居たが、公子重耳の、その城下に宿られた晩、負羈の妻は、夫に告げて、「私は今日、晋の公子が通行成さるゝ処を見ましたのに其従者三人の風采は孰れも大国の大臣たる器量の人でありました。古語に、其子を知らんと欲せばまづ其父を見よ。其君を知らんと欲せば、まづ其臣を見よ」と申してあります。今こそなれ、公子は必ず、覇王ともお成りなさるゝでありませう。我が君暗愚にして、公子を辱しめ給ふ。必ず後に禍があらうと思ひます。願くは、是国にも、有志の士があると云ふことをだに、知られて置た方が宜しからうと存じます」とて、其夫に、方法を示したので、負羈も妻の詞に従ひ、早速妻が調理の食物を壺に盛り、名玉を添へて、公子に贈り、長途の労を慰め参らする為聊か微意【52】を寄するよしを云はしめた。公子重耳は、其玉は返して、食物だけを納めて、辱なきむねを陳られた。其時、公子は晋に還つて、覇王と成つた後、曹の不礼を責めて、討伐せられたが、殊に令して、僖氏が里には兵士の闖入を戒しめ、且これに厚く贈物せられたので、市民はみな難を、僖氏が里に避けて、鎮守の神の如く敬つたとのことである。ある人が、良妻は一家の柱石なるのみならず、また一郷の干城【53】だと称したのは、誠にさる事と思はる。

乾吉鳥の比喩

## 八、妻女臓肉を埋めて、良人罪科を免がる　晋の羊舌子妻

羊舌子といふ人は、晋[54]の国の紳士であつたが、余りに剛直方正であつた故に、晋にいれられず去つて、三室と云ふ邑に妻子を率て往つて住んだ。然るに、三室の邑の有司〔やくにん〕、某羊氏が不幸を憐み、何くれと親切に世話して、且、一頭の羊を贈つた。舌子は是れ官物にあらずやとの疑があつたが何分、其親切に対して拒むことも、糺すことも出来ず、困つて居ると、妻の叔姫は、窃に夫に告げて、「ここに今、拒むべき詞は無いから、其厚志はお受け遊ばされよ」と云つた。夫はかねて、妻の賢なるを知るが故に、助言のまゝに受け納めて、扨、其晩食にこれが調理を妻に委ねた。すると、叔姫は又云ふやう、「いや〳〵、此不明なる品は決して使つてはなりませぬ。況んや、子どもに食べさすることは甚はだ宜しく無いと存じます。主人は「割正しからざれば食はず」まして、此出所不明の物をや。私が伝へ聞きまするに、南方に乾吉といふ鳥

【51】春秋時代の小国。前四八七年、宋に滅ぼされた。
【52】寸志。自分の意志・気持ちを謙遜していう。
【53】防ぎ守る軍人や武士。
【54】注49参照。

欲の為に義を没せず

がある。此鳥食物を選ばずして、雛を養ふがゆゑに、其子全きこと能はずと申します。是れは此儘に壺に納めて埋めてしまつた方が宜からうと考へます」と云つた。夫もそれ知るべしと答へて、妻の計らひに任せた。後二年程経つてから、彼の有司は贓罪〔おほやけのあるつみ〕【55】に処せられて、いろ〳〵白状に及んだ時、羊舌子にも贓物を頒つたと云つた故に、羊氏は忽ち坐贓〔まきぞへ〕【56】の罪に問はれた。けれども、羊氏は、其贈物の出所を疑つたために、自ら使用せずして、其儘に埋めて置いたと答へたゆゑ、法官は直ちに其所をあらためて、大壺を取り出させて見ると、羊氏が言に違はず、羊の肉は腐つたが、形のまゝに存して居たので、遂に其罪を免がれたとの事である。女子はやゝもすれば、男子よりも、小さな欲のためには過らるゝ者が少なく無いが、叔姫の如きは、誠に珍らしい、感ずべき夫人である。

## 九、無官の丞相　漢の楊敞妻

有名なる仏蘭西の、マダム、ド、ローラン【57】は、常に陽に内外の志士と交り、又屢々政治問題に容喙〔くちをいる〕【58】して、革命の籌策〔はかりごと〕にも参与し、為に、無官の内務大

## 賢妻なくば大事在らん

臣なる称号が、世人の口に登るに至つたとのことであるが、是れは、国家の一大事が起るまでは、更に其人ありとも聞えず、常に内庭の裡にのみあつて、柔順に夫に事へて居たところの、漢の丞相【59】(総理大臣)楊敞【60】が妻は、危機一髪の時、突如として進んで、大事を遂行したのに、一つは其時期と国勢との然らしむる所以なりとは云へ、又甚だ大いに称すべきものであらうと思はるゝのである。

漢の昭帝【61】崩じ、昌邑王賀【62】といふ人が位に即いたが賀は暗愚乱暴であつて、品行修まらず。為に奸臣【63】朝廷に跋扈【64】して、忠臣漸く山野に隠れんとするの有様に立ち至つたから、大将軍霍光【65】、車騎将軍張安世【66】等相謀つて賀を廃し、更に諸王の中か

【55】盗みの罪。略奪罪。

【56】関わった罪。

【57】ロラン夫人(Madame Roland)はフランス革命時のジロンド派の指導者の一人。夫は内務大臣ジャン＝マリー・ロラン。(一七五四～一七九三)。

【58】横から口出しをすること。差し出口。

【59】古代中国で、天子をたすけて国務を執った大臣。

【60】前漢の政治家。霍光に重用された。妻の強い勧めを受けて、劉賀を廃することに協力した。(?～前七四年)

【61】中国、前漢第八代の皇帝(在位前八七～前七四)。姓名は劉弗陵。武帝の第六子。大司馬大将軍霍光の補佐を得て、国力の回復に尽力した。(前九四～前七四)。

【62】昌邑王劉賀。霍光の力で即位するが、すぐに廃された。(前九二～前五九)。

【63】心の正しくない家来。

【64】ほしいままに振る舞うこと。また、のさばり、はびこること。

**大胆なる臨機の略**

ら、然るべき器量の方を選んで帝位に即けようとしたが、兎もあれ、時の丞相の同意を得ることが必要であるゆゑ、大司農田延年【67】と云ふ人を丞相、楊敞のもとにつかはして、其由を告げ、この挙に与せられんことを説いた。然るに、楊敞は廃帝の議を聞いて大いに驚き、背に汗を流し、頓に答を為しかねたるゆゑ延年は態と席を立つて、暫らく休憩所に退き、後刻返答を承らうと申した。然るに夫人は、此頃の世のありさまにかねて注意して、何事か起るであらうと考へて居たところなれば、夫の唯ならぬ顔色にて、書斎に還り入るを見、其故を問へば爾々と云つたので、夫人は徐ろに夫に勧めて、「速かに大将軍の献策にお与みしあそばされよ」と云へども、楊敞なほ逡巡して、兎角の答をなさず、其間に延年は頻に再度の面会を促し其確答を求めた、夫人は夫の何時までも決心のつかぬ容子を見、又延年が深く決する処ある挙動を察し、最早ためらふ場合で無いと考へ、自ら客殿に出でゝ延年に見え、「夫は急に発病して困難致し居りまするゆゑ已む無く、自らが代理に罷り出たる次第、悪からず御了承あれ。夫楊敞は異議無く大将軍の教を報じまする」と申した。延年は悦んで急ぎ帰つた後で、斯く〳〵と夫に告げ、我が罪を謝して、且夫を励ましたから、敞も余義無く、霍光とゝもに、昌邑王を廃して、宣帝を立てた。楊敞が妻、若し、大胆なる臨機の計らひを為さなかつたならば、楊敞は、遂に能く此大事に与することが出来ぬのみでは済まなかつたであらう。大事を明して、同意を得なかつた田延年は、直ほに別れて立ち去るであらうか。恐らくは、敞を斬つて、自らも亦殺さるゝやうな事に及んだかも知れぬ。楊夫人が内助の功は実に大したものであつた。けれども、斯くの如き変通の挙動は容易には行つてはならぬのである。

## 十、清節を修めて栄録を顧みず　後漢の王覇妻

大原【68】の王覇【69】と云ふ人は、高き節操を有つて、仕官の望を断つ、自ら耕耘〔ひやくしやう〕の清を事として、更に世の塵に染まなかつた。然るに、覇の妻また志行〔こゝろざしおこなひ〕の高く気高い人で、能く夫を助けて、家政を整理して居た。後漢の光武皇帝【70】が、新たに

【65】前漢の政治家。字は子孟。昭帝崩御後、劉賀を帝位に即けたが、暗愚のため廃して宣帝を即位させた。（?～前六六）。

【66】前漢の政治家。霍光とともに宣帝を擁立。（?～前六二）。

【67】前漢の政治家。霍光の腹心であり、重用された。（?～前七二）。

【68】中国、山西省の省都。春秋時代から晋陽として知られた。

【69】新から後漢の時代を生きた隠者。生没年不詳。

夫は子の為に恥づ

天下を治められた頃、頻に仕官を勧められたが、とう〳〵断つて出なかつた。然るに、この大原の令〔ちじ〕【71】、狐子伯【72】といふ人は、覇の竹馬の友であつたから、我が出世をして、楚【73】の相となるに及んで、まづ、子息をして、書状を齎して、覇の安否を問はしめた。其時、子伯の子も、郡の功曹といふ役に就いて居たから、立派な馬車に乗り、美麗な衣服を着、大勢の従者をつれて、覇の家を訪うた。折柄、覇の子息は田を耕して居たので、我が家に貴賓が入つたのを望んで急いで鍬を投げ捨てゝ宅へ帰つて来たが、賓客の立派な容子にはぢかんで、自分の土だらけの汚れた布子の短い袖を引つ張りながら、もぢ〳〵して仰ぎ見ることも出来ずに畏こまつて居た。父の覇は、如何にも我が子の、疎野なありさまを見て、非常に恥かしそうな顔つきをして居たが、客が還ると頓て、転々と床の上に寝てしまつて、黙つて、眼を閉ぢて、太息をついて居て、何時までも起きて来ないから、妻は怪んで「如何成されました」と問うたが、何にも云はぬ。そこで妻は、「それでは、自分が、何か御心に背いた事を致したのでありませうから、只管お詫を申し上げます。どうぞ、お蔵し無く、お明かし下されと請うた、覇も今は、忍びかねて、又つく〴〵と歎息して、「何外の事でも無いが、我が友の子伯の子息に、久々にて遇つたら、彼れは見違へるやうに立派になつた。其衣服装飾の美は云はずもがな。起居ふるまゐ、物の言様、すべて礼節に協つて、天晴の紳士である。然るに、我が子は、

妻は夫の為に弁ず

髪蓬々として、むさくるしい容子で、言語もふつゝかで、礼儀も弁へぬ。余は是れを見て、実に冷汗が出た。さても、親子の情は斯うも深いものであらうか」と云つて、また太息をついた。妻は夫の詞を聞いて、「君はお少い時から清節を修めて、栄録【74】を顧ることを成さなかつたのです。今、子伯が人爵の貴いのと、君の天爵の高いのとを比べたならば、孰れか優りませう。何故に宿志〔もとのこゝろざし〕をお忘れ成されて、彼の児女子らにお恥ぢ成さるのでせう」とほゝ笑んだ。覇は妻の賢き諫を聞いて、忽ちかつぱと跳ね起きてハツ〳〵〳〵と笑つて、「誠に左様であつた〳〵」と云つて、遂に妻とともに、耕作をつとめて、一生清き生活をして終つた。

支那では余りに君主専政の圧制に苦しんだ、其中に、気節ある士が、仕官を辞し、諂諛【75】の小人を嘲つたり、濁つた世を諷したりした、事を褒めたところから、殊更に世を避け人に遠ざかる等の奇行を、過誉〔ほめすぎ〕【76】した弊がある。是れは決して余り一概に取

【70】後漢の初代の皇帝。王莽を破り即位。都を洛陽に移し、後漢をたてた。（前五～後五七）。

【71】長官。

【72】楚国の宰相。生没年不詳。

【73】中国の国名。戦国七雄の一つ。揚子江中流域を領有し、戦国中期まで斉や晋などの諸国と覇を争った。のち秦の圧迫を受け本拠を東に移したが、前二二三年、秦に滅ぼされた。

【74】栄誉ある官職と俸祿。

【75】へつらうこと。

るべきことでは無いけれども、女子は兎角に目前の小利に眩んで、衣服が欲いとか、物見遊山がしたいとか云ふやうな望みに満されて、知らず〳〵其夫をして、不義の誘惑にかゝり、不正の賄賂を受けしむるやうな、事にさへたち至らしむることが無いとも云はれぬのに、王覇の妻の、夫を諫めて、遂に濫りに、世の栄達に素志を失はしめず、自ら進んで、労役に服して清貧に安んじ、毫も懶し【77】としなかつたのは、誠に感ずべきことである。

富家の女貧士に嫁す

## 十一、長裾を脱し去って短布裳に更ふ　鮑宣妻

支那鮑宣【78】といふ学者の妻少君は桓氏の女である宣が嘗て少君の父に就いて学問を修めた頃、父は宣が高節の士であることを認めて、最愛の女を娶せた。桓氏は、家富み財豊なるが故に、女が嫁入仕度には十分の費をかけて、数台の荷物を、鮑が家におく

【76】ほめすぎること。過褒。

【77】おこたること、なまけること。

【78】前漢の学者。字は子都。渤海高城（河北省塩山県）の人。妻の桓少君は裕福な家の出で、よく鮑宣を支えた。（?〜三）

車を押し水を汲む

り、其当日には、女に盛装させて、綾織物の長き裾軽やかに曳かせて、徐々と設けの席に着いた。然るに、婿の鮑はこれを見て悦ばず新婦にむかつて、「余は、汝の父君に兎ても良家の息女が、この貧家の妻になるといふ事は、不可能であると、達つて辞退したのに、左様な事は決して心配すなと仰せられたが、今、汝が装ひを見るに、果して、余が家風に遇ふべき人で無い。汝を娶るは敢へて礼に当らず」と云つた。すると、新婦の少君は「我が父は、君が徳を修め約を守ることを悦んで、己れに巾櫛を執れ【79】と申しつけたのであります。既に、今日より、君の妻となりました以上は、たゞ一に君が御志のまに〳〵に致しませう」とて、直ちに許多の荷物を送り還し、美麗な衣服を脱ぎ捨てゝ、短い布裳「もめんもの」【80】を着けたので、宣は始めて満足して、「其れでこそ我が妻である」と云つた。さて、少君は夫とゝもに些少の荷物を荷車に積み、夫はこれを曳き、我れは其後押をして、故郷へ還つて、姑を拜し、直に甕を提げて背門へ出で水を汲んだ。此ありさまを見て、一郷の人がみな感歎賞揚したとのことである。希くば、目下の女学生達もこの心を以て嫁されたいものだと思ふ。

## 十二、一孤三柩を扶けて、二侯に旌表せらる

### 明の黄楚妻

明[81]の海陽と云ふ所の、黄楚[82]が妻節孝張[83]は二十歳にして、楚に嫁いだ。然るに、楚は、もとより家貧しくて、僅に両親と妻とを養ふがやう〳〵であつたのに、妻は程無く一子鎧を設けた頃、楚は大病に罹つたから、妻は産後の身を以て、一生懸命に働いて、老いたる父母、病める夫、及び嬰児を育むために、夜も遅くまで、朝は夙くから、紡績裁縫をつとめて、寸の間も休むことをしなかつたけれども、夫の楚はつひに病怠らず[84]して、亡き人の数に入つた。是時、鎧は生れて僅かに半ヶ年経つたばかりゆゑ、妻の歎き一方ならず、はては飲食も喉に下らぬまでに衰へた。舅姑はこのありさまを見て、「我れ〳〵は一子の楚に別れて、今は汝より外に、世に便とする者は無いのに、若しも、汝が泣きくづれて、子息の跡を追うて逝くやうなことにでもなつたら、あはれな

【79】人の妻、または妾になること。「巾櫛」は、手ぬぐいと櫛。
【80】麻・葛など織った粗い織物で出来た衣装。
【81】上巻第一章注21参照。
【82】明時代の人。不詳。
【83】黄楚の妻。不詳。
【84】病気が治らず。

悲痛を排して患難と戦ふ

孤を抱き柩を守つて哭す

る幼児と老人どもは、どうして一日も生存へて居られようぞ。我れらを憫然と思ふならば、歎きをとゞめて、身体を大切にしてくれよ」と誨したので、妻の張氏はげにもと心を取り直し、それからは決して再び舅姑に涙を見せたこと無く、益々志を励まして、日夜労働を続けて居たが、其後、舅姑も打ち続いて歿した。それゆゑ、家はます〳〵貧しくなつて、人並の葬送も出来ぬ。やう〳〵の事で、地面内に、夫の柩を並べて、舅姑の柩を殯した。其当時は乱世であつて、此所にも彼所にも、一揆が起つて、良民を苦しむることが、屢々であつたが、是時しも、浙西に一揆が蜂起して、段々張氏の住む村へも押寄せて来ると云ふので、近隣の人々も、みな我れ先にと逃仕度をして、張氏にも早く逃げよと勧めた。然るに張氏は、これに答へて、「折角の御親切を無にするやうで、相済みませぬが、自分は、御覧の通り、大切な三個の柩と、一人の、孤児とを守らねばなりませぬ。貧しい身には、これらを扶け搬ぶべき人夫を雇ふことも出来ませぬから、若し、一揆が参りましたならば、已むことを得ませぬ、柩と幼児と自分と諸共に亡ぶるとも助かるとも致しませう」と云ひ放つて、潸然と打ち泣いて居た。其声の哀なこと、実に腸を絞るやうであつたから、みな気の毒に思つたけれども、兎ても銘々の身の保護がやう〳〵であるから、遂に助くる人も無かつたのである。然る処、幸にも、この一揆は存外に早く鎮まつて、この村は禍を免がれたゆゑ、張氏は又非常に勉強【85】

して、少しの金を得、夫と舅姑との葬儀を営み、孤児の養育に深く力を尽した。此事が祝侯、魯侯の両君に聞えたから誠に感ずべき婦人であるとて、其門閭に旌表[86]して、孝義貞節の行を録された。

---

【85】精を出してつとめること。

【86】人のりっぱな行いをほめたたえて世間に知らせる。

# 第四章　西洋の良妻伝

## 一、夫は夫たらずと雖も、妻は能く妻たり

伊太利のマンフローンの妻

頑固圧制なる親に強いられて、泣く〳〵も、放蕩冷酷なる夫ジョン、ポール、マンフローン【1】に嫁いだゴンザガ【2】嬢は幼くして、既に文界の一明星、伊太利の美華と称せられたものを。（ゴンザガの書翰集は、一千五百五十二年にヴェニスに於いて出版せら

【1】ジャンパオロ・マンフローン（Giampaolo Manfrone）。（一五二三～一五五二）。ヴェネツィア首領。

【2】ルクレツィア・ゴンザーガ（Lucrezia Gonzaga）。（一五二二～一五七六）。文学、音楽、絵画など芸術的な才で当時より知られていた。

道を守つて自ら慰む

れた）夫人は齢僅に十四歳の歳、マンフローンに嫁いだのであるが、夫の心は頼もしげ無く、夫の行は荒々しく、何一つ楽しと、思ふことも無きに、生家は門地[3]と云ひ、財産と云ひ、欠くるところも無いのであるから、並々の婦人ならば、自ら進んで、離婚を求めぬまでも、不平の色面にあらはれ、不満の詞口に発し、遂に家庭に風波を起すか、然らざれば、必ず怏々[4]として憂に沈み、果は病にも罹る習ひであるのに、ゴンザガは年少なれども、徳高くして思慮深い女子であるから、決して夫の無理難題にも逆らつたこと無く、何事も唯命のまゝに従つて、柳に風と受け流して、只管内政の整理にのみ心をつくした。

然るに、夫は、フエララ公[5]を斃さうとした事が露顕して、捕らへられたから、ゴンザガ夫人は大いに驚き、或ひは有司の人々に愁訴し、或ひは慈善家某々を訪ひ、寝食を忘れて、助命を請うた。けれども、兎ても其罪を免さるべきにあらねば、マンフローンは、数回の責問の末、頓て死刑に処せられたのである。ゴンザガ夫人は、其時まだ壮年であつて、才色も優れて居たから、親戚も朋友もみな其再婚を勧めた。すると、夫人はこれを憤り且歎いて言ふには、さても世人は薄情なるものかな。我夫新たに刑場の露と消えた、其屍未だ冷かならぬに、我れに再び暖かき衾を共にして、新夫と眠れよとや。我れは、キリストの御もとへ往くより外に、又何方を選ばうぞ」とて、一向に取り合はず、専ら女児の養育と、奴婢等の雇役とに力を尽して、亡き跡の衰へないやうにと、専ら家政を整へて居た。これを見る人々は、深くゴンザガ夫人の貞操に感服して、「夫は夫たらざりしに、妻は能く妻たるの道をつくさるゝよ」と歎賞し、再び婚稼を勧むる者が無くなつたとのことである。

## 二、夫婦は真に是れ一心同体

### 仏蘭西のオベランの妻

浮世の塵の外なる、一小桃源[6]、春暖かき花園に、手を携へて逍遥[7]せる、若い男女は神の媒によつて、清く楽しき赤縄を結ばれたのである。一小桃源とは、仏蘭西の東北部バンダラ、ロツシユ（石の谷）のウアルドバツハといふ小さい村で、男子は慈善家の聞え高き牧師、ジアン、フデリツク、オベラン[8]、女子は、オベランが妹ソフイヤ

【3】家柄。門閥。

【4】心が満ち足りないさま。晴れ晴れしないさま。

【5】エルコレ二世・デステ（Ercole II d'Este）は、十六世紀中期の侯爵、フェラーラ領主。（一五〇八～一五五九）。

【6】俗世間をはなれた、美しい清らかな夢のような別天地。桃源郷。ユートピア。

【7】気ままにあちこちを歩き回ること。散歩。

## 神聖なる結婚

の親友マデリン、ウイターである。オベランは、これまで、屢々結婚を勧められたけれども、なまなかの女子を娶つては、却つて、神に事へ、教を布くために、障りとなることがあらう」と云て退て居た。ウイター嬢は、また牧師の妻となることは好まなかつたのであるが、不思議にも、嬢は、ソフイヤに、伴はれて、此小桃源に来たり、遂に、オベランに嫁することになつたので、オベランが家に到ると頓て、其志想一変して、堅固な信仰者となり、オベランもまた深くウイターを敬愛して、互ひに相和し相睦み、真に同心一体で、只管布教に勉めたので、帰依信仰の徒はますます多きを加へた。げに、オベランの、其妻を敬愛することの極めて厚かつたのは、誠に最もの次第で、ウイターは、夫の悦びを以て自らの悦びとし、夫の悲しみを以て自らの悲しみとし、何一つとして、自ら専らにした事が無く、自分はいか程、往きたく無いと思ふ処でも、夫が往くと云へば、忽ちに喜色満面にあらはれて、其行を共にし、自分には行ひたいと思ふ事も、夫が然る可らずと云へば、忽ち機嫌よくこれを止めた。それが、忍んで為すでも、表裏して行ふでも無い。全く心から、夫の思想と一致するのであるゆゑに、夫たる者は、どうしても、満足せざるを得ぬ次第であつた。然るにウイターは、第九人目の子を出産した時、産後の肥立ちが悪くて、亡くなつた。オベランに嫁してから、十年目であつた。オベランは、最愛の妻を失つてから、兎角怏々として楽まなかつたが、「我れは常に亡妻の神霊と語りつゝある」と、度々云うて居た。妻に別れてから、六年目にオベランも永眠したので、村人は妻の墓に合葬して、比翼の塚【9】をつくつた。そして、村人等は、ウイターが夫に対する行は、真に人の妻の鑑であつて、必ず神の御心に協ふものであらうと歎賞したとの事である。

才色兼備

## 三、あらゆる心配も、我が軒下に入れば消えて跡無し

### 英吉利のバルクの妻

英国の大政治家エドモンド、バルク【10】、嘗て病を養ふために、バスといふ所に往つて、暫く滞在して居た間、同郷の医師ドクトル、ニユーゼントといふ人に就いて、治療を受けたが、其女の容貌挙動が、美麗優雅〔うつくしくみやびやか〕であつて、且、いかにも怜悧【11】ら

【8】ヨハン・フリードリヒ・オベリン（Johann Friedrich Oberlim）。ドイツ系フランス人牧師。慈善家、社会活動家。（一七四〇〜一八二六）。

【9】仲の良かった夫婦や男女を一緒に葬った塚。

【10】エドマンド・バーク（Edmund Burke）。アイルランド生まれのイギリスの政治思想家、哲学者、政治家。「保守思想の父」として知られる。（一七二九〜一七九七）。

しくあるのを見て、遂に熱心に請うて、其女を娶つた。果せるかなバルクが深く望を属したところの女子は誠に得難い良妻であつた。

**夫に憂の色を示さず**

**能く家を守る**

**夫の頌徳表**

バルクが妻は、容姿の美と精神の美と、両々相俟つて、毫も遜色無く、足らぬがちの家計を、兎や角と繰り廻して、なるべく夫に心配をかけぬやうにし、其出るを送り、入るを迎ふる時、何時も愉快らしい容子をして、常に夫の心を慰むることに勉めた。バルクは、一体性質の烈しい人であつたから、時々怒りを発して荒々しいふるまひをすることも有つたが、夫人は能く是れを宥め止むること、恰かも火に水を注ぐやうであつた。夫人は夫が病める時にも、不平を懐く折にも、怒りとも、悲しみとも、すべて、慰藉【12】、看護の労をとつて、丁寧親切に取り扱ひ、家庭を以て、世界となし、余りに出で、交際等をなすことを好まず、たゞ其夫が起居の安からんことをのみ希うた。で、バルクは常に人に語つて、「余はあらゆる心配も、一度我が軒下に入れは、消えて跡無くなる」と云うた。又、バルクは、ある年の結婚記念日に当つた日、妻に一篇の頌徳書をおくつたと云ふ一時を見ても、いかに、夫人が夫に敬愛親昵せられて居たかを、察するに難からぬのである。

誰れか云ふ。西洋の婦人は、外、交際を勉むるに汲々として、内、其家庭を顧みるの念慮薄しと。完全なる婦徳の光は、今古東西を通じて決して変ること無きを証し得らるゝのである。

## 四、婚姻は却て人の志業を裨益す　英吉利のフラックスマンの妻

一千七百年代の末から、一千八百年代の始めに於いて、有名な彫刻家と云へば、まづ第一に、指を英吉利の、ジョン、フラックスマン【13】に屈らねばならぬであらう。然るに、フラックスマンは、家貧しくて、且其技に熱心なる余りに、殆ど狂人じみた挙動があつたゆゑに、誰れ一人、其女を遣らう、其妻にならうと申し込む者も、無かつた中に、アン、デンマンと云ふ少女ばかりは、早く其天才の凡庸で無いことを知り、自ら進んで、結婚をなすことを請うた。フラックスマンも、深く、其己れが器量を窮屋の中に知

【11】賢いこと。利口なこと。また、そのさま。利発。

【12】なぐさめいたわること。

【13】ジョン・フラックスマン（John Flaxman）。イギリスの新古典主義の彫刻家、挿絵画家。一七七〇年ロイヤル・アカデミーの美術学校に入学。一七八七年から七年間ローマに滞在し、名声を得た。帰国後はおもにモニュメントの彫像作家として活躍。代表作はロンドンのウェストミンスター寺院の「マンスフィールド像」（一七九五年）。（一七五五〜一八二六）。

衣服調度を売つて夫の技術を助く

つたことを悦んで、忽ち華燭の式を挙ぐるに至つた。アンは、フラックスマン家の主婦となつてからは、能く夫を助け、内政を整へて、頗る好成績をあらはした。アン夫人は、もと才学衆に秀でゝ、仏蘭西、伊太利、及び希臘語に通じて居た程であるから、文章もまた巧妙に書いたのであるが、其れよりも感心なのは、夫に柔順なると、家事の整理に熱心なるとにて、或時は、一片の麪包と一壺の水とに飢渇を凌ぎ、襤褸の布子に肌を蔵す斗りの貧困に迫つても、毫も屈託の色を見さず、夫が彫刻の技術に要する物は、さま〲に工夫して、必ず購うて参らせた。それゆゑ、アンが嫁入の時持参した、衣服調度も大方は売り尽して、其影を止めざるに至つたが、是れも後に、夫が成功した日に成つて、斯う云ふ事もあつたと、笑ひ話しにした程であるから、最も困難な折には、ジョンは少しも承知しなかつたとの事である。其れのみならず、アン夫人は、夫の業をも助けて、ある時は、彫刻の下図を写し、或時は、参考書を集め、又夫のために、各種用件の書状も、大抵、アンの筆を待つことが多かつた。かやうの次第であるから、極めて貧困な生計を営んで居ても、夫婦が中には一点の不平も無く、家庭はいつも、和気靄然【14】として、恰かも天国の花園に遊ぶやうに、愉快であつた。

フラックスマンが結婚の当時、教会堂で、名高い肖像家のジョシュア、レナルヅ【15】といふ人に遇た。レナルヅは、軽く、フラックスマンの肩を敲きて、「オイ、君は立派な妻君を迎へたさうだな。誠にはや愛たい事である。然しもう美術家としては駄目だよ」とて冷笑した。フラックスマンは、家に還つて来て、「ア、〱と歎息して、何だか不愉快らしい容子をして居たので、アン夫人は、例の如く嫣然な愛らしい調子で、「郎君、何を歎息していらつしやいます」と問た。すると、フラックスマンは、「何、外でも無いが、アノ独身者のレナルヅが、余を冷かして、結婚したから、もう美術家としては駄目だよと嘲つたのさ。」と語る間に、はや、夫が眉間に集つてた、愁の雲は晴れ渡つた。是れは何時でも、妻が満腹の至誠を捧げて、慰むる時には、夫は忽ちに、如何なる心配も忘るゝが常であつた。暫らくして、フラックスマンは、妻にむかひ、「余は、レナルヅに対しても、一つ大いに成功して、婚姻は志業の妨げとなるものにあらず。却つて、その裨益たるものであると云ふ事実を示したいと思ふ。其れにはどうしても、伊太利の天を臨んで、そして彼の地にある、古代よりの美術品を摸することをせねばならぬから、猶此上にも、汝に労苦を増さするのは、気の毒であるが、何卒

【14】なごやかな気分がみなぎっているさま。

【15】ジョシュア・レノルズ（Sir Joshua Reynolds）。ロココ期のイギリスの画家。ロイヤル・アカデミーの初代会長を務めた。気品ある画風で、個物の写実ではなく、理想化された、普遍性をもつ人物像を崇高な形で表現する〈荘重様式〉を唱え、二千点以上の歴史画や肖像を遺した。（一七二三〜一七九二）。

## 見学旅行の決心

今一層働いてくれまいか。余も一生懸命にかせいで、資金を作つて、汝と一所に、暫く伊太利に移住したいと思ふが、どうであらう」と相談した。アン夫人は是れを聞いて、非常に悦んで、「それは誠に善い思召立ちです。屹度数年の中に、御出かけの出来るやうに致しませう」と答へた。其後は、夫婦心を一にして、益々労力と倹約との功を積んで、辛うじて、伊太利行の資金も出来たから、アンはかひ〴〵しく一家を畳んで、夫を助け励ましつゝ、住み馴れた故国英吉利を離れて、羅馬の都に移り住んだのである。それから後、アン夫人は、もとより、絵画も文章も、十分夫の業を輔くるだけの腕があることゆゑ、図どりやら、書抜やらと、何くれの助手をして、或ひは夫を励まし、又は慰めながら、只管其業の進歩をのみ楽んで居た。夫も妻の大方ならぬ、熱心に勇気を加へられて、実に自らも驚くばかり、技術が進んだので、夫婦錦を飾つて故国へ還つた。

## 妻は字引なり片腕なり

ジョン、フラックスマンは、常に人に語つて、「余が妻は、余が字引である。余が片腕である。若しこれ無かりしならば、余は決して、今日ある事は出来なかつたであらう」と云つた。誠に、フラックスマンは、アン夫人を娶つてからは、毫しも内顧の憂を覚えなかつたのみならず、猶且、その業の助手としても、多く得難い幸を感じたのである。かやうな良妻を得てこそ、始めて、「妻子は男子の手枷足枷なり」など云ふ忌はしい詞も取り去らるゝであらうし、其始めに嘲つた、レナルヅをして、却つて独身の不幸を歎ぜしむることも出来たのであらう。

## 五、白館楼上の名花は是れ田舎檐頭の明星

### 北米のマヂソンの妻

ドリー、ペーン嬢[16]はゼームス、マヂソン[17]に嫁してから、数年にして、夫マヂソンは、北米合衆国の内務卿となつて、華盛頓府[18]へのぼつた。然るに、このマヂソン夫人は、

【16】ドリー・ペイン・トッド・マディソン（Dolley Payne Todd Madison）。第四代アメリカ合衆国大統領ジェームズ・マディソンの夫人。（一七六八〜一八四九）。二〇〇七年合衆国造幣局はドリー・マディソンの栄誉を称える一〇ドル金貨と銅メダルを発行した。

【17】ジェームズ・マディソン・ジュニア（James Madison, Jr.）。米国の政治家。第四代大統領。大統領在任時在任中（一八〇九〜一七年）に英国に宣戦布告し、米英戦争に踏み切った。ジョン＝ジェー、アレクサンダー＝ハミルトンとともに、アメリカ合衆国憲法の解説書「ザ・フェデラリスト」を執筆したことでも知られる。（一七五一〜一八三六）。

【18】アメリカ合衆国の首都。国会議事堂、大統領官邸などがある。

**夫人良人の短所を補ふ**

天資温和で愛嬌があつて、且又、辞令に巧な人であつたゆゑ、誰れでも此夫人に遇へば、愉快を感じて、そして心が自づから高潔になるやうに覚えたのである。で、当時の大統領ゼツフエルソン【19】を助けて、常に交際を円滑ならしめた。其時からして、マヂソンの衆望〔おほぜいののぞみ〕を集めたのは、単に夫人の力である。

マヂソンは、どちらかと云へば、一寸冷淡に見ゆる人で、性質は極めて剛直であつたから、他には畏敬せらるる代りに、反対も多く、其徳に懐くと云ふ方は、甚だ乏しかつたのであるが、これに反して、ペーン夫人は、前に述べたやうに、如何にも温和な愛嬌のある人で、そして思ひやりの深い、慈恵心に富んだ質であつたゆゑに、恰ど、其夫の短所を補ひ得て、大いに其事業を裨補し得たのである。それで、マヂソンの反対党も、一度ペーン夫人に接する時は、忽ちに其反抗の鋒が折れて、遂には、敵対することを得ぬやうになつたとの事である。

マヂソンは、斯くの如き良妻の内助を得て、大統領には前後二回選出せられ、満八年の就職中、内憂外寇こもごも至つて、其労苦困難は一通でなかつたが、幸ひに、

【19】トーマス・ジェファーソン（Thomas Jefferson）、米国の政治家。第三代大統領（在任一八〇一～〇九年）。独立運動に参加して、「独立宣言」を起草。国務長官・副大統領を経て大統領となった。貿易の改善、ルイジアナ州の購入などの功績を残す。（一七四三～一八二六）。

九十五歳の老嫗の母

内は夫人の慰藉より、外もまた夫人の助勢によつて、大いに其難局を開展打破するを得、任満ちて、愛たく郷里ヴァルチニヤの、モントピリアーと云ふ所に退き、此所に広い邸宅を構へて、高年の母とともに住つた。ある時、某貴婦人が、マヂソンの母を見まはつた時、九十五歳の老嫗は、猶眼鏡をかけて、編物をして居た。婦人はこれにむかつて、「お退屈では御出で成されませぬか」と問と、老嫗はほゝ笑んで、「イ、エ、お蔭で、少しも退屈を覚えませぬ。まだ、編物や書物が御伽をしてくれますので、且、我が母は、能く我れを慰め、我れを助け、手となり足となつて、心のむかふ処へ動かしてくれますから、足が少し悪く成りましたけれども、一向困りませぬ。」と云はれたので、婦人は、「エ、母御、貴婦の母御は何人です」と眼を見張ると、老嫗は、「アレ〳〵彼処に」と指さす方を見れば、娘のマヂソン夫人が、白い前垂を取つて、濡れた手を拭いて、今隣室から出て来るのであつた。白館楼上（大統領の官舎）【20】で、華やかな美服を着て居られた時と違つて、麁末な地味な衣服を纏うて、家庭の用事をして居られたものと見ゆる扮装、一寸見れば、純然たる田舎農家の主婦であるが、其風采の気高さ奥床しさに、客の婦人は感に打たれて、娘と姑とを等分に見比べて居ると、両女が顔を合せて、嫣然と笑んだ、容子はなる程、老嫗が娘を呼ぶに母なる称号を以てしたのは、冗談では無い。真正に、慈母が愛児を見る状態と少しも替らなかつたのである。で、其婦人は還つてから、

天爵は人爵より貴し

人に語つて、「どうも、マヂソン夫人は、交際に巧なる、円転濶達の才を以て、世に響いて居たが、我れは、却つて、一農家の主婦として、能く其家政を理め、能く其姑母に孝順なる、天晴良妻として見た方が遥かに貴いと思ふ。誠に花の美なるは、実の佳なるには若かぬものである」と感歎したとのことである。当時の米国婦人の口から、此言を聞く。以て、マヂソン夫人が淑徳を想像追慕するに余りありと云ふべきであらう。

## 六、我が妻は護身の天使、運転する車の心棒

### 英吉利のリヴイントンの妻

一千八百年代に於いて有名であつた、英国の探検家なる、宣教師リヴイントン[21]が、

【20】大統領官邸であるホワイトハウスの立派な建物において。

【21】デイヴィッド・リヴィングストン（David Livingstone）。英国の医師、宣教師、探検家。一八四〇年、医療伝道師としてアフリカに渡り、探検をつづけた。一八六六年にはナイル川水源調査の探検に出発し、タンガニーカ湖付近で消息を絶ったが、アメリカの探検家スタンリーに救出された。奴隷貿易の廃止にも貢献。（一八一三〜一八七三）。

## 真正の内助

「宣教師は非婚者たらざる可らず」との持説を自棄せしめて、却つて、「余は護身の天使に伴はるゝことを思へば、中心喜びに充たされざるを得ない」と、其妻を激賞するに至らしめた女子は、即ちメーリー、モファット【22】嬢であつた。リヴィントンは、もと支那伝道に従事したいと云ふが、宿志であつたが、如何しても、其願を許されないで、一千八百四十一年の夏、伝道会社の命ずるまゝに、亜非利加の伝道に打ち立つたのであつたが、其始めに達したのは、クルマンの伝道地で、其頃より猶三十余年の昔、布教のために熱血を注いだ、モファットの開いた処であつて、そして、其女のメーリー嬢と互に相愛して、遂に偕老同穴【23】の契を結ぶに至つたのである。

メーリー嬢を迎へたのは、実に、リヴィントンに取つては非常の幸福であつた。夫のリヴィントンが、阿非利加探検の偉業、伝道の功績は、誠に夫人メーリーの力与りて、其半に居つたのである。リヴィントンは、メーリーとの結婚の後、チヌンといふ処に移り、又其所より、コロベング河畔に転じた。此所は極めて未開の土地であつたから、リヴィントンは、荒蕪の地を開拓し、野蛮の民を教育し、又其伝道布教の道を講ずる等の外に、大工も左官も、園丁も、指物師もせねばならぬ。殆ど、日夜心身の労逸に、疲れ果てゝしまふ筈であるが、メーリー夫人が親切な慰によつて、存外に愉快な趣味の多い家庭を作つたのである。扨この夫を満足せしめた夫人の行為は、いかなり

文明の指南車となる

しかと云ふに、夫人は漸くに新開墾地から得たところの、小麦粉を以て麺包を作つたり、飼養の牛の乳から、牛酪を製し、又其れから、蝋燭も作り、石鹸も作つたのであるが、これが中々容易で無い。何一つ満足な器械の無い場所で、唯種々の工夫によつて、作り出のであるから、其辛苦困難は、名状することが出来ぬ程であつたけれども、夫人は夫の心を以て心とし、鋭意熱心何事も遂げざれば止まぬと云ふ、堅忍家なりしかば、夫婦は、互に其事業を助け助けくれ、且其成功は、持場々々によつて、殆ど競争といふかたちで、さすがのリヴィントンも、妻の意匠と耐忍とには舌を巻いて驚いた程であつた。然し、メーリー夫人は、もと蒲柳〔かよわい〕の質〔たち〕[24]で、屡々病のために妨げられたれども、更に屈せず撓まず、段々土民を懐け安んじて、ために女児学校を起し、読書、算術、裁縫、調理等を自ら教授したが、其成績は極めて良好であつて、みな夫人の徳に心服したのである。夫人は数子を挙げて後、ます〱身体も虚弱となり、用事もまた次第に増加して、殆ど、其力にさゝへ難くなつたけれども、家庭の幸福は、弥々多大になつて、夫は、日夜の働き労れても、就寝前〔ねるまへ〕に、子供と遊び楽しむこと

【22】スコットランド人でアフリカ大陸に渡った宣教師ロバート・モファットの長女。

【23】夫婦が、最後までそいとげること。夫婦の契りの固いこと。

【24】ひよわな体質。虚弱体質。

夫に従ひ子を伴ひて無人境に入る

夫の讃辞

を、唯一の慰藉として居た。斯くて後、リヴィントンは、其所より猶百余里も奥のセビチュアン探検に出かけた時も、妻は病余の身を以て、幼児をかゝへ、唯、夫の志に背かじとばかりを力に無人の境に迄、踏み込んだのである。此行の患難は何とも譬やうの無い程で、或は幼児が熱病に罹り、或は自分も病苦に悩みなどして、幾度か死に瀕したけれども、遂に目的を達し、成功の名誉を負うて、一旦英国へ還つた。さて、夫リヴィントンのみは、猶亜非利加の探検を続けて居たが、後五年を経て、故郷の妻子を訪た。其時、リヴィントンは、英国朝野の人に歓迎せられて、此所彼所に招聘せられつゝ、探検談をなした。

一千八百六十二年の三月、今回は、政府の命を帯んで、夫婦一所に、亜非利加に旅行することになつた。其送別の席上に於いて、リヴィントンは、斯う云つた。「我が妻は巧に亜非利加語を話し、且能く土民の歓心を得て居た。且、良人に柔順で、家庭に親切である。我が妻は、実に余が運転する車の心棒【25】であつて、余が護身の天使である。彼の女が、亜非利加の衆望を集めて居ることは、其土地の人民が、彼の女を称するに、単に、「荷車の女王」とのみ云ふを以ても、証とし得らるゝ次第である」と述べた。メーリー夫人は、夫に従つて、再び亜非利加に渡つたが、不幸にして、程なく熱病に罹つて没したので、リヴィントンの愁傷と落胆とは、実に筆紙に尽し難い程であつて、「余が、

彼の女の才学は余と同等なり

鉄腸【26】も粉々に砕けて、殆ど自失した。余は一生涯の中に、是程の苦痛は最後覚えなかつた」と云つて慟哭したとの事である。

## 七、失明の夫に両眼を具せしむ　仏蘭西のチエリーの妻

「我が妻は余の両眼である。備忘録である。将、確実なる助手である。彼の女無かつせば、余は決して、此書を著すことはなし得なかつたであらう。余は全く彼の女が助けによつて、失明の後、却つて余の志を為すことを得たのである。彼の女は、敏活なる秘書官たるのみならず、常に能く余を慰め、又能く余を励ましてくれた」また、「彼の女の才学は、余の以上に在ると云ふことは云ひ得ぬけれども、余と同等であると云ふことを憚らぬのである。けれども、彼の女は極めて謙遜なる淑女であるから、自ら専にすることを好まずして、唯余がために成すことを希ふのであつた」と、かやうに、其

【25】車輪やこまなどの回転体の中心にあって、回転の軸となる棒。心木。軸。ここは、行動や考えを支える中心となるもの。心木。軸。

【26】堅固な心、強い意志。

妻を賞揚したのは、仏蘭西の歴史家ニコラス、チエリー[27]である。チエリーは、十九世紀に於いて、名高い史家であつたが四十五歳にして、不幸にも、眼病に罹つて明を失ひ、今は世に在るかひもなき者と打ち歎いたが、妻の慰藉と奨励とによつて、再び心の駒に鞭ち、其歴史研究を継続し、一大著述をしたのは、実に其失明後であつた。其著書の自序に前述の語を記さしめたのである。夫人が内助の功また甚だ偉なりと云はざるを得ぬ次第である。

近くは、英国の有名なる経済家フオーセツト夫人[28]も、また酷だチエリー夫人に似て、失明の良人をして、有益な経済書を編ましめたのは、単へに夫人の力である。吾人が、今も繙きつゝ、其余沢を蒙つてる経済書には、夫人が内助の徳の光をつゝまれて居るのである。

## 八、繊手止め得たり鋼鉄の杖　独逸のビスマークの妻

彼の有名なる独逸の鉄血宰相、ビスマーク[29]公の夫人は、早くより淑徳の誉が、世に高く聞えた人である。夫人の、ビスマーク公に嫁いだのは、もと自ら願にもあらず、殊

## 自ら進んで疎暴の一書生に嫁す

に父母は深く、ビスマークの少壮血気にはやつて、疎暴の行あるを忌み嫌つて、飽くまでも、此縁談を拒んだのであるが、公は非常の熱心を以て、数回の謝絶をもひるまず、執念くも婚を求めて止ず、若し斯くても許されずば、刀にかけても請ひ受けようと云つた。父母はますます驚き惧れて、如何しても、其申し入れを謝絶うと思つたのである。然るに、当人の息女は、深く思ひ定めたことがあるらしくて、父母を促して、婚姻の約を結んで下さいと云つた。父母はあつけに取られて、其不幸を悲しみ、いろ〳〵と誨したが、息女の志が固くて動かすことが出来ぬので、泣く〳〵、これをビスマークに娶せた。誰か知らん。当時の乱暴書生、落第者の札附なるビスマークが他日明君ウヰルヘルム第一世【30】に知られ、能く独逸の運命を左右し、連邦の諸侯を糾合し歴世の仇敵たる仏蘭西を打破して復再び立つこと能はざらしむるに至らんとは。然るに、ビスマー

【27】『欧米名士の家庭』（明治三六・一九〇三年）に拠ると、一八三〇年失明。（一七九五～一八五六）。

【28】ミリセント・ギャレット・フォーセット（Millicent Garrett Fawcett）。イギリスの経済学者。女性参政権運動に取り組む。目の不自由な夫（ヘンリー・フォーセット）の研究助手を務めた。（一八四七～一九二九）。

【29】オットー・エドゥアルト・レオポルト・フュルスト・フォン・ビスマルク（Otto Eduard Leopold Furst von Bismarck）。ドイツ帝国（第二帝国）初代宰相。駐露・駐仏大使を経て、一八六二年プロイセン首相。ドイツの政治家。鉄血政策を強行。ドイツの政治的統一、帝国建設に功績があった。（一八一五～一八九八）。

**妻の皮膚を破ると他の心を破ると孰れ**

クの乱暴の火の手は全く愛妻が清き情の泉に打ち消さるゝに至つた。もとより、其猛烈なる性の、物に激することが甚しかつた時には、全然爆発しないと云ふ訳には往かなかつたが、其時若し、夫人が傍らに在つて諫むれば、屹度其怒りを収めたのである。公はある日夫人と同車して、某所に馬車を駆た。心急く折とて、御者に疾走〔はやくはしれ〕を命じたが、兎角ぐづぐづして、公の意の如く車が走らなかつたので、公は例の疳癖がむら〳〵と心頭より衝いて出た。「何故主人の命令を用ひぬ」と云ふや否や、手にせる鉄杖を振つて、御者の頭を横抛りに、ヒューと打ち下した。是の時早く、同乗の夫人は「暫く」と呼んで、夫の右手に取りすがつたので、打つ手は狂つて、余る力は、傷はしくも、鉄杖の尖で、夫人の顔を打つことになつた。唯見る、夫人が真白き額より頬にかけて、鮮血淋漓として流れた。公は驚いて、夫人を抱き、「ド、、、どうしたんだヤ大変だ」と叫ぶと、夫人は、静かに、かくしから、レースの手巾を取り出し、流るゝ血を押さへて、「公が人心をお破り成さるゝのと、妻の皮膚をお破り成さるゝのとは孰れで

【30】ウィルヘルム一世（Wilhelm I）。ドイツ帝国初代皇帝（在位一八七一～八八年）。プロイセン国王（在位一八六一～八八年）としてビスマルクを重用し、強力な軍備をもって対オーストリア戦に勝ち、一八六七年北ドイツ連邦を組織。続く普仏戦争にも大勝してドイツ統一を達成した。（一七九七～一八八八）。

ありませう。是れで済めば誠に悦ぶべきことであります」とて、嫣然と笑んだ。公は、是れを見て、「余は爾来決して、如何程腹立たしい事があつても、腕力に訴へることはすまい」とて泣かれたとの事である。

夫人鯉のあらをしまつす

ビスマーク、公爵の尊栄を得て、家富み財裕かなるに至つても、夫人は、能く倹素の徳を守つて、少しも奢侈に流るゝことが無かつた。或時日本の紳士某が、公及び夫人と、其家庭の昼餐を共にした時、夫人は、一尾の鯉のあらを、自ら始末して、晩餐の肉汁を作らしめられたとて、深く其内政を整ふるに、緻密なる経済の方法を取られた事に驚いて居た。

夫への通信

夫人は、其夫が旅行せられた時はもとより、其出征中に於いて、殆ど毎日のやうに、書信して、家内の情況、国内の形勢を報告し、種々慰藉の詞を尽し、嗜好の物品を贈られた。人あつて、「能くも夫人は、通信を頻繁にさるゝことよ」と云つたら、夫人答へて、「内地及び家族の容子を詳報するは、妻の義務であるのみならず、男子の心をして、他に逸せしめざらんとするには、妻たる者が、常に其情を引きつけて、隙無からしむるに在り」と云はれたとの事である。此外にも夫人の言行は、猶さま〴〵記すべきが極めて多いが、此所には書き尽すことが出来ぬのである。

世の紛擾は国内に入らず

## 九、家庭は是れ楽園妻女は是れ天使

### 英吉利のグラッドストンの妻

十九世紀に於て、世界賢宰相の一人に数へられた、英国のグラッドストン【31】は、或時某紳士が、「宰相は如何に、御身体が御健康なりとは云へ。斯くも国家の重任を担ひ給へる上に、各種の事業、即ち宗教、教育、慈善等に助力遊ばさる丶事が少なくないが、どうして、お続きに成るのでせう」と問うたら、グラッドストンは是れに答へて、「イヤ、別の事では無い。我が家庭は殆ど天上の楽園であつて、我が妻【32】は真に天使であります。それゆゑ、如何程外に在つて、不愉快や苦痛があつても、一度宅の閾を越ゆれば全く世の紛擾は杜絶し得て入ることを許しませぬ。そして、一度妻の慰藉に遇へば、百憂を忘れてしまふ事が出来るからです」と云はれた。妻たる者は、夫に右様の詞を口に

【31】ウィリアム・ユワート・グラッドストン（William Ewart Gladstone）。十九世紀のイギリス自由主義を代表する最大の政治家。ギリシア・ラテンの古典学にも長じ、ホメロスの研究家としても知られた。（一八〇九～一八九八）。

【32】キャサリン・グリン（Catherine Glynne）。グリン准男爵家の娘。グラッドストン夫妻は一緒に聖書を読み、結婚生活が終わる時までその習慣を守ることを誓い合ったという。グラッドストン家の家庭生活は万事をキャサリンが差配していたともいわれる。グラッドストンとの間に八子を儲けている。（一八一二～一九〇〇）。

世に朗君を知る者また他にありや

せらるゝを得てこそ、真に女子の天職を全うするを得たと、安神してよからう。宜なり。夫をして此言をなさしめし夫人の善行は実に一にして足らぬのである。グラッドストンが、二度目の宰相となつた時は、英国では、内外非常の困難があつて、ために、非常の攻撃を受けた。グラッドストンは、性正直な感情の深い人であるだけに、存外他の毀誉【33】も心にかくるやうな事があつた。で、夫人は、国会の開会中、夫にはなるべく、気を揉ませたく無いと、注意して居られたから、苟くも、夫を非難する所の記事は新聞紙上より、切り抜き去つて見せぬやうにして置いた。グラッドストンは、一日夫人に対つて、此頃は、余がいくら早く起きて見ても、何時の間にやら、新聞の此所彼処が切り取つてある。あれは必ず、汝の行為で、其切り取られた個所には、余の悪口が記してあるのであらう。余に不快を感ぜしめまいとの注意は忝けないが、余り盲目にされては、却つて困るから、其儘見せて貰ひたいものだ」と云つた。すると夫人は、「如何にも自分の行為です。が、然し世の中に、自分程郎君を知り、又自分程郎君を思ふ人がありませうか」と問うた。グラッドストンは速かに、「其れは外には無いさ」と答へた。夫人、「では、御心配遊ばさなくても宜いではありませぬか。反対党の新聞で書ことなにか、別に御参考にも成らぬことを、お読みなさる丈、隙つぶしです」と云つたので、夫もげにもとて、再び問はなかつた。是れは、其妻の詞を、信用する丈の価値があつたからである。若し才識の備つた婦人で無かつたならば、どうして、グ氏程の人が安心して妻の判断に任せて置くことが出来やう。

夫人は、夫が飲食物の献立塩梅は、いか程忙がしい時でも自らした。で、グ氏は、大事件に就いての長演説には、殊に必ず夫人が手づから、薬液を調合した飲料水で無ければ、音声が続かぬと云はれたとの事である。

夫人は、影の形に添ひ、響の物に応ずるやうに、常に夫の傍らを去らず、内助の功が実に甚だ偉大であつた。夫人は賢婦良妻の名称を、まづ良人の口づから呼ばれて、そして、社会のすべてにそれを嘉納【34】せられたのは、誠に天晴である。

良妻と賢母　上編　終

【33】世間の評判や評価。

【34】進言などを喜んで聞き入れること。

# 良妻と賢母　下編

# 第一章　母の範囲

母とは、云ふ迄も無く、子どもを生んだ女子を称するのであるが、この「はゝ」なる詞は、もと子から親んで母と呼んだ声であつて、西洋で「マヽ」と云ふやうなものであると云ふことが、げに左もあらう。(勿論、日本では、乳母を親しんで、「マヽ」と呼んだ)。

然るに、我が生児で無い者をも、子として見て、母の義務を尽さねばならぬ場合がある。其れゆゑに、真正に血を分けた母を実母と云ひ、或は生母とも呼ぶことがある。で、血を分けぬ子、即ち継母となつて、先妻の生んだ子や、別腹の子を我が子として育つる場合には、これを称して、義母と云ふのである。又、我が生んだ子息に、他の女子を娶せて、其れを子とし見る時には、姑母と呼ばるゝのであるが、娘からは、姑母を呼ぶに、姑母と云はずして単に、「母」と呼ぶのは、前述の如く、母なる詞が親しみの意をあらはすものなるによつてゞもあらうし、娘は全く実母の如く親しむ意で、斯く呼ぶことになつて居る次第であらう。

扨、母親が子に対する責任の範囲は、どんなものであらうと云ふことを、試みに云つて見ようならば、其れはまづ、其子が成年に達する迄は、其保護監督を極めて厳重にせねばならぬが、既に成年に達した以上は、なるべく、彼れらをして、独立独歩の行をなさしむるやうにして、大抵の事は関渉せぬ方が宜しい。但し、子どもが不義不道に陥る等のことの無いやうに、外ながら監視し、若し右様の挙動が見えたら、訓戒を与へて、制止すべきは云ふ迄も無い事である。勿論女子は成年以上に達しても、其まだ夫を持たぬ間は、細大注意を与へ、保護をなして自ら専らにせしめぬが、母の責任である。要するに、成年の子に対する母の心がけは、常に道義の指南車となり、且其子ども等が、軽挙のふるまひを暗々裡に箝制[1]する重量となつてるやうにあるべきであらう。

## 一、実母義母姑母の範囲

## 実母の措置

凡そ、婦人が母儀たるの徳を備ふるに於いては、実母、義母、姑母の区別のあるべき筈は無い。けれども、普通の人に在つては、如何しても、血を分けぬ子と、血を分けた子の間には、斟酌【2】を要することのあるのは余義無い次第である。ゆゑに爰にこの三つの区別と義務との概略を記して、且其宜しきを得た所の今古東西の伝記をも後に示すであらう。

実母は、即ち己れが血を分けた子の間に於いて呼ばるゝ名であるから、実母が実子に対するは、義母、姑母の義子や婿媳に対するよりは、遙かに為し易いのである。

唯其愛が正当の範囲を越えて、溺愛と云ふにまで至らねば宜しいのである。けれども、其子に対する措置が緩急其度に適し、理義と愛情と、能く中心を得て、其子をして、終始愛敬心服せしむることは、猶決して、左程容易くは無いであらう。

生物の多くは、父を知らぬけれども、母を知らぬ者は無い。（少なくも、其哺乳時期に於いては）そして、其母が子を愛することは、実に非常である。乳虎の狂勇なるは云ふまでも無く、鶏の雛を育つる間は、餌飼の主人が近寄つても、蹴散らして怒るのを見れば、母親が生児を愛するは至極最の次第である。又子のためにも、満腹の愛情

【1】自由にさせない。　【2】遠慮すること。控えること。

の暖かみによつて、成長するのが、第一の薬である。母の愛を知らぬ不幸の子は、大抵薄情の人になるものであるから、実母は天性自然の愛情を以て思ふ存分、可愛がるが宜しい。けれども、一体、己れ自身を可愛がつて、美味い物を食べ、美麗い服を着、立派な家に住ふとしても、其度を過せば却て、不衛生となり、驕奢となり、遂には健康を損ひ、人望を失つて、寧ろ、余りに自身を可愛がらず、患難をも嘗め労働をもし、不足がちにして居る人よりも一層苦痛を感じ、悲境に陥ることが甚しいと同じことであつて、生児が可愛いからとて、愛に溺れて、叱るべき事をも叱らず、戒しむべき事をも戒しめず、せしむべき事をもせしめず、勉むべき事をも勉めしめざれば、其子は、憐や世の廃物となつて、大不幸の境界に墜落してしまうのである。

其れゆゑに賢母は、決して愛情に任せて、子の不利益なるまでのしむけをせぬのみならず、却つて、其愛情を忍んで、奨励、訓戒、否鞭撻をも加ふるに憚らないのである。むかしから、東西の英雄は、其賢母の厳しい訓戒の力によつて、其精神を作られ、其筋骨を固められた人が多いと云ふに至つては、実母が生児に対する愛の程度、愛の作用も、其中正[3]を得ようとするには、非常の工夫を要することであらうと思はる丶。

然し、兎も角も、血を分けた子に対するは、まづ為憎く無い方であるから、返す〴〵も、愛情に溺れぬやうにして、且善く其清く暖かい愛情が、子どもの脳に染み通るやうにあらまほしいのである。

## 義母の措置

義母が其血を分けぬ子に対する措置は如何しても、実母の位置からするよりも至難なりと云ふ事を免れぬのである。分けても先妻の子や別腹の子に対するのは、殊に為憎い点が多い。其れは、丸で他人の子を貰つたよりも、其夫の血を分けて居る丈、却つて面倒である。継母の善い人は、継子を我儘にする傾があり、善からぬ人は、云ふまでも無く、継子をして、大抵僻んだ性質にしてしまうのである。仮に継母も継子も、余程性質が善くて、教育も十分にある人でも、余計な世間姑母が、何のかのと、水をさしたり、悪智恵をつけたりして、折角、隔て無い、義母義子の中に、とう〳〵垣を作るやうな例も少なく無い。是れを思ふと、人は一体他の難義を悦ぶ者であらう。荀子が性悪の説【4】も、強ち間違つてるとも云はれなくなる。実に歎かはしい事ではあるまいか。

此継母が継子に対する心得に就いて、面白い話がある。徳川将軍時代、江戸で有名な道学【5】の先生があつた。某氏の女が、ある継子のある家に嫁に往くとて、教を受けて

【3】どちらにもかたよらないで正しいこと。

【4】人の本性は先天的に悪であるとする説。中国の荀子（紀元前三世紀頃の思想家）が首唱したもので、人間のうまれつきは悪であって、善なる行為は教育、学問、修養など後天的な作為によって生ずると主張する説。孟子の性善説に反対して唱えた。（「人の性は悪なり、その善なるものは偽なり」『荀子』性悪篇）

居た、先生の許を訪ふて猶女子の心得を聞きたいと願つた。で、先生は、「余の考も云はうけれど、御身は既に笄する齢も過ぎてるのであるし、日頃の心がけも善いから、かうと思つてる事もあらうから、まづ先へ其れを云うて見られよ」と云はれたので、其女子が、「此度参る家には、先妻の子があるとの事ですが、私は何でも、他の生んだ子と思はず、全く自分の生んだ子と思つて育てようと存じます」と云つた。すると先生は打ち笑つて、「なる程立派な考である。が、いくら御身が生んだ子と思つて育てゝも、先方が、生の母と思はなかつたら何と成さるゝ。長い月日には、よも[6]、それでも善い顔はして居られまい。若し一度悪い顔が出たなら、弥々先方はそれ見た事かと云ふ意気込で、御身が天晴の工夫も、忽ちに破れよう。如何です」と問うた。女子は大きに困つて、「それでは先生如何云ふ風に心得て居たなら、宜いでせう」と問ふと、先生は、唯「耐忍」の二字を書いて出した。此女子も教を受けてる程あつて、「ア、」と感歎して、それを押し戴いて還つた。其れから、数年たつて、此女子が先生の許へ礼に来て云ふには、「先生の御陰さまで、とう／＼幸福な身に成りました。為仰る通り、私がいくら親切にしても、継子は少しも悦ばないで、辛い事を云つたり、しむけたり致しましたが、其都度、御認め下された「耐忍」の文字を出して見ては、我が顔を鏡に写し、少しでも変つた容子が見えれば、我れと我が身を叱り／＼致しました。其内に先方でも段々心が解けて、親切な言も使ひ、しむけもするやうに成りましたので、始の中は、唯耐忍ばかりして居りましたのが、終には、此方も、心から可愛く成つて来ましたらば、先方も、どうやら、真正に私を慕つてくれるやうに成りましたやうで、今では少しも不愉快を感ずることはありませぬ」と語つたとのことである。凡そ、他に信用を得るには、自分勝手我儘を云はず、他の自分勝手我儘を咎めず、所謂一の耐忍を守るが大切であつて、そして是れを守り遂ぐれば、必ず他の信用を博することが出来、他に信用せらるれば此方からも、自分を信用してる人には、愛が起る。即ち、「士は己れを知る者の為に死す」と云ふも此理である。誠に、此道学先生の教は、極めて卑近〔ひく、ちかい〕【7】であるけれども、穿つた【8】ものである。貰つた子に対する母の措置も、大抵右と同様であるけれども、前者は、能く実父が天然の愛情を汲み取つて、すべてを行はねばならぬが、後者は義父に、愛情を附け加ふべく、楫を取つて、所謂慈母の義務を果さうといふ事に注意せねばならぬのである。

### 姑母の措置

姑母は、其子息の妻に対し、又は息女の婿に対して称せらるゝ名である。是れは義母

【5】道徳を説く学問。儒教。
【6】まさか。よもや。
【7】高尚でなくわかりやすいこと。
【8】人情の機微を指摘する。

の位置よりも寧ろ多少困難が少ないけれども、やはり実母の位置よりは、困難であるは、云ふまでも無いことである。して、妙に姑母と娘との間には面倒が多く、姑母と婿との間には面倒が少ない。是れは同姓は却つて衝突し易く、異性は寧ろ相容れ易いのであらうと云ふ説がある。其れも一理ある言であらうし、且如何しても、婿となると、姑母が一目を置くやうな心持に成り、娘となると、勝手に制すべきものゝやうな考になると云ふ点もあらう。是れは、我が国中古からの習慣が、百事世襲相伝の風を成して、そして姑母は、娘の師父なり、後見なり、何事も姑母から娘にと授くるが如き風俗であつた。故に姑母の考では、子息のために妻を貰ふのでは無く、自分のために娘を貰ふやうな心持で居たから、其れが若しも、自分の気に協はぬ時には、種々の不平が起るのであらう。が、然し最早今日では、娘は娘の考に任せて、大抵の事は、余りに関渉をせぬが宜いのである。まづ、娘を迎へて、一通家事家法のある所を伝へたならば、自分は全く細小の事には関係せぬやうに、自らの行ふべき範囲を極めて、其れ以外に越えぬやうにとの注意が肝要である。但し家のため子息のために、善き事、悪しき事に就いて、如何しても、助言をせねばならぬ事があらば、勿論遠慮しない方が宜いのであるが、是れも、姑母の貫目【9】如何に在る事で、云つても行はれぬと云ふは、誠に恥かしい次第であるから善く慈愛の目を以て、彼れを見、厳粛の態度を以て、彼れに対し、緩急宜しきを得て、老人は家庭の重量になると云はる、やうにあらま欲しいのである。

## 保母乳母等のこと

保母、乳母等は従来は母と云ふ文字こそ使へ、其実は主人の傅【10】の中に位した【11】者であつたから、其児に対するは、親を意味するところは少なくて、寧ろ臣の道を尽す心得が必要であつたのである。然るに、今は主に幼稚園の女教師を保母と称ふることに成つたから、却つて母の心持を以て、児に対すべき点が多くなつたのである。最も、むかし、君臣の礼を以て見ねばならぬ時でも、保母、乳母は、情に於いて、親の如きものであつたに相違無いが、其措置行為は、どうしても、臣礼を以てせねばならなかつたのである。但し、乳母は今でも、まづ大抵は、傅の中の一人に数へられて居るのであるが、古今ともに、児に哺乳すると、非常に愛情が生ずるものであるから、乳母の心得は、寧ろ義母や姑母の心得を学ぶよりも、実母の児に対する心得を学んだ方が宜しい位である。

然し、此編は専ら「賢母」のことに就いて述ぶべきであるから、教師を意味し、臣隷を加味する、保母乳母のことに就いては、多くを云はぬであらう。

【9】身に備わった威厳や重み、貫禄。人品。　【11】位置する。

【10】大事に養育し、世話すること。

## 二、母と父との責任範囲

偕老同穴を契り、一心同体を誓ふ、夫婦の間に挙げたる子は云ふまでもなく、夫婦が共同の愛の手に抱いて保育教養すべきは勿論の事である。けれども、父と母とが、子のために尽すべき範囲は、自づから区別せられてある。其区別があればこそ互に協議すべき点も、銘々に為すべき事も、生じて来る次第である。

母の尽すべき範囲

即ち、母の子に対して尽すべき範囲は、まづ児を胎内に育て、且其分娩後、嬰児時代に於いては、大抵、其保育は母の為すべき範囲である。其れから、幼稚園に入れ小学に登らする幼児時代、児童時代も過半は、母の受持である。但し疾病のあつた時の医師の選択、治療看護の方法及び、幼稚園、学校又は教師の選択、及び知徳体育方針幷に其費用等に就いては母まづこれを考へ、これを選んだ後、父の協賛を得たり、許可を得たりするまでゞある。

母の男児に対する責任範囲

扨男児が小学を卒へて、中学に入る頃に成つては、衛生の注意や、費金の節用や、朋友の選択、取扱や、遊戯の種類に就いての心用ゐは猶母の脳を通し、母の手に待つべき事が多いが、其学問技術の選択や、方針は、父の思考を要する点も、追々多くな

父の男児に対する責任範囲、子の心得

つて往くので、其れから、高等学校に入り、大学に入る程の年になれば、今度は父も、母も、其大体に間違の起らぬやうにし、且其費用を督するに止めて、大抵子供が、自ら働き自ら助くる精神の発揮に待つ方が宜しいのである。

勿論此間に於いても、終始子どもが道徳の監守者は母である。青年の男児の品行の善いのは、一に母の力に在ると云つても差し支へ無いと思ふ。暖かな母の愛情親切な母の慰藉によつて家庭の趣味多きを感じつゝある、男児は余程有力な誘惑に遇つても、容易に動かぬものであるが、是れに反して趣味の無い家庭母の愛情薄く、母の慰藉乏しき男児は、非凡の人の外は、まづ大半、他の誘惑に脆くも堕落する者である。誠に恐るべきことではあるまいか。

母の女児に対する責任範囲

受胎の頃から嬰児時代に於ける、母の責任は、男児に対するも、女子に対するも同じことである。然し、小学時代から、猶進んで、高等女学校程度就学時代に至つては女児は殆ど母が監理の範囲にあつて、父の関ることは誠に少ない。縦令ば、父の関るべきものは其女児にかゝるところの費金の多寡【12】とか、大体の方針に止まるのである。さて、女児が妙齢に及んでの挙止動作も唯一に母の注意を要するのであつて、其結婚期に至

父の女児に対する責任範囲、女の心得

【12】多いことと、少ないこと。

つては、父は婿の選択、婚費の如何を母と協議することを為せば、其他の事は、すべて母の指導に一任して宜いのである。

女子は成年に及べば、自分の考を父母に談つて、其教を請ふことは宜いけれども、男子の如く、決して自ら専にせぬものである。其れも、全然、女の執るところが正義で、不幸にも父母の云ふところが、不正であつた時には其れは顔を犯して【13】諫むるも宜い、拒んで従はぬも拠無いが、是れは容易には無かるべき、変に処する時の事でまづ大抵は、父母の旨に従ふが道である。但し、結婚は女子が終世の目的を極め、幸不幸の岐路を定むることであるから、縦令、父母の命令だと云つても、心に染まぬものを、強ひて盲従するには及ばぬ。右様の折には、能く詞を厚くし、礼を恭しうして、其思ふ由を父母に告げ、且請うて、謝絶しても差し支へ無い。けれども、世故に馴れぬ少女の眼識や見界は、往々にして間違ふことが多いものであるから、希くは猶、父母の選択指導に従ふ方が、幸福であらうと信ずるのである。

【13】あえて自分の考えを言う。

# 第二章　何をか賢母と云ふ

一体「賢母」の賢は、和訓「かしこし」と云ひ、漢字の解には「徳行才能人に過ぐる者」又「善」「勝」などゝも解してある。英語の即ち、「インテリゼンス」に通ずべきも、猶「賢」なるものゝ中には、余程徳義を含まれて居るやうに思はるゝのである。

## 一、賢母なるものゝ解釈

賢は、以上述べたやうな義に解せらるゝものであつて、是れを母なる字の上に冠らせ、「賢母」と称するところの婦人は、少くも、道を認むる智力があつて、そして其道を行ひ得る人を指して云ふのである。

既に智力あり、道徳あるところの者をさして、賢と称するのであるとすれば、所謂、賢母なる者は、才も学も智も徳も兼ね備はつた人を指して云ふべきであらう。が、然しながら、賢母伝の中には、存外に無学の婦人のことが挙げてもある。其れは何故ぞと云つて見ようならば、賢母の主要は、其言行が、能く子を善に導くに適し、其子をして、能く道を踏み、業を成し、又は悪を去り、曲を撓む[1]を得たる事蹟をとらへ、是れを標準として、賢母の伝記中に、列記したものと思はる。すべて、賢母の解釈に就いてのみでは無い。学問は人間決して欠くべからざる事たるに相違無い。なれども、学問は往々物を識るに止まつて、其物を識るは、識つて後、行ふのためたることを解せずに終る者がある。又文字を読まず、書かずとも、存外に能く、其道を踏み行ふ者がある。是れらの人を、眼は盲なりと雖も心は盲ならずとでも云ふのであらうし、前者の如きは眼は盲ならずと雖も心は盲なりと云ふべきであらう。であるから、近頃のやうに、女子も、大抵学問をなすことを得る、有難い時代になつたとは云へ、稍もすれば、従来の、無学の女子にして、却つて、賢母伝に列ねらるゝ人に恥づるやうな行があつたならば、必ず彼れ賢母に地下[2]に、其心の盲なるを笑はるゝであらうから、能く注意して省みねばならぬ次第である。

[1] 賢母の名称にかなへる行為

[2] 心の盲と眼の盲と

## 諸母といふこと

然るに、支那のいにしへ、諸母と云つたのは、多くは哺乳する人、家庭教師を主る人、及び養育の任に当る人をさしたのであるが、（其中の姆母は女扁なしのを書いてある）兎に角、東洋従来の貴族は一人の父、一人の母、所謂両親をもつて居らるべき子が、種々の名称の母ありと云ふに至つては、驚かざるを得ぬ次第ではあるまいか。勿論、乳母や、姆母は、其養育の恩の深い方からして、母に准ずるやうに解釈したのは、善いことであらうが。然し中流以下はさて措き上流社会に在つては嫡母と、生母とは、殆どあるべきもの丶やうに思ふに至つたのは、誠に倫理の乱れと云はざるを得ない。すなはち其れは中古以降太平が打ち続くに連れて、体育の重んずべきを知らなかつた、貴族の女子は、勢ひ身体が虚弱となるを免かれざりし故、中等若しくは下等より出たところの妾のに生れた子の数が多く、従つて生母と嫡母とを持つは、子として通例のことのやうになつたのである。但し、実母とは普通の女子が嫁して後、里方の母をも称ふる場合があるが、生母とは多くは庶子が父の側室であつて、すなはち我れを生んだ母をさすに用ゐらる丶やうである。

## 嫡母と生母と

さるを、爰に最も悲しむべきは、何某は、何誰の生母なりと云ふ時を除くの外は、み

【1】状態、状況が変化すること。【2】表面に表われない所。ここは心の中。

な母ならぬ母を母とし呼びて、母なる母を母と呼ぶこと協はず、却つてこれを臣として使役するもあり、甚だしきは、終世真正の母を知らずして過してしまふ子もあつたのである。是れでは、到底孝ならんことを其の子に求むるは、頗る無理であると云はねばならぬ。勿論、已むことを得ざる場合に於いては、また已むことを得ずして、右の如き権道[3]を行はねばならぬこともあらうけれども、従来のやうに貴族は、大抵、正室、側室を並べ置いて、子どもには、生嫡母を持つことを余義無くせしめ、同胞は、殆ど其父を同じうして其母を同じうせざる者が普通なりと思はしむるに至つたのは実に痛歎の次第である。

異母兄弟

近来、一夫一婦を人道の大儀なりと称ふるに連れて異母、異母兄弟の数の減じたのは、家庭の風紀を高潔にし、且其和楽を増進する点に於いて誠に賀すべき事である。

従来の賢母

現在の賢母

未来の賢母

以上の如く、従来の我が上流社会に於いては、所謂賢母と称せらるゝ婦人の中には、彼の嫡母なる者、即ち妾腹の子より母とし見らるゝ位置に居る人が多かつたから、従つて其子に対する措置も、実母とは大分差異〔ちがひ〕があつたのである。が、然しながら、中等より以下にあつては、まづ多くは生嫡母を持つ者は稀であつた故、其実母が子に対する行為の当を得たりと称せられたものは、余り現在に於ける、賢母の評定と変つて居らぬところを見ると近き将来もまた、大抵同様の事であらうと想像せらるゝのである。

## 二、賢母なるもの丶東西の評定

西洋の婦人界は妻の舞台

東洋の婦人界は母の舞台

東洋でも、従来、上流社会に於いてこそ、生母嫡母【4】などの複雑なものがあつた故に、賢母なるもの丶色別が、多少異つて居たにもせよ。其母が其子を教へ且戒め育て助けて善を勧め悪を懲し名を揚げ業を成さしめた効果を見て、そして賢母なる評定を下したのであるから、此点に於いては、古今東西、格別変つた事は無いのである。

けれども一体、婦人界の状態は、大分東洋と西洋とには相違がある。すなはち、西洋の婦人界は妻の舞台であつて、東洋の婦人界は母の舞台である。其れは西洋の社会に、夫婦を以て一体とし、其一体からして、万物は分かれ出づるものと説いたから、夫婦の徳義が社会の徳義の源なりと認めて、一夫一婦の清く固い愛情からして親子の愛も同胞の愛も、みな湧き出づるものとしたのである。故に其愛の本尊であつて、家庭の女王たる女子は勢ひ、其家庭にも社会にも勢力を持つてる道理である。然るに、東洋で

【3】目的を達するためにとる、臨機応変の処置。方便。　言い方。

【4】父の正妻。正妻以外の女性から生まれた子からみた

は孝は百行の本【5】といひ、孝を以て道徳の根源と教へたから、親の権力は無上であつた。そして武断【6】主義の行はれて社会に於いては、不道の子は親の手で殺しても差し支へ無い事と迄になつて居た。其位であるから、母親の権力は甚だ重く認められた。すなはち、女子は親に従ひ夫に従つて、其無理な圧制や命令にも反抗しなかつた。柔順な人も親も歿し夫も死した後に於いては、非常に其権が重くなつて来るので家長として家庭の裡に尊敬せらるゝのが引いて、社会にも亦尊敬せらるゝことになつて居たのである。

賢明なる母と頑迷なる母と

それゆゑ、若しも、母親が賢明であれば、子のために、如何程の重みになり、助けになつたかも知れぬが、若し不幸にしてこれが頑迷な婦人などであれば、折角、子どもが身を立て、業を成さうとして、故郷を去つて他国へ往かうとするとか、又は暫時の積りで、遠方へ往つた者が長引くとかする時には、母は親の威権を笠に着て、是非とも帰れと迫り、或ひは其行を防げて許さぬ。かやうの場合には子どもは其養ひ料も、保護の人をも不足無くつけて置いてすら、母は稍もすれば心細いの、不自由のと喞言ち【7】、猶子どもが達つて志を遂げやうとすれば、母は不孝の名のもとに強ひて抑留した例も少なからぬのである。その弊は恰かも、一夫一婦の制度の行はれて居る西洋に於いては事によると、妻が夫に対して、不法我儘なる請求をしたか、行為を遂げたりするやうな弊と同一理であらう。

けれども、東西(とうざい)ともに賢母(けんぼ)が其子(そのこ)を励(はげ)まし、且教(かつをし)へて天晴(あつぱれ)の功績(こうせき)を顕(あらは)し、忠孝(ちうかう)の令名(れいめい)を挙(あ)げた例(ためし)は、沢山(たくさん)あつて、そして、誠(まこと)に其事柄(そのことがら)の甚(はなは)だ相似(あひに)たるものが少(すく)なからぬのである。

---

【5】孝行は、すべての善行の基本である。孝は百行の基(もとい)。（『白虎通』攷黜）

【6】物事を力で処理すること。武力をもって事を解決しようとする主義。

【7】なげいて言う。ぐちを言う。

# 第三章　東洋の賢母伝

勤倹の家憲

## 一、民治の要は破障子を繕ふが如し　北条時頼母

松下禅尼【1】が嫡子、北条時頼【2】は、官こそ僅に相模守たるに過ぎざれ、其実力と声望とは畏けれども当時の朝家以上であつた、天下の主権者の母でありながら、北条の

【1】鎌倉初期から中期の武将北条時氏の妻。安達景盛の娘。北条時頼の母。賢夫人として知られる。執権時頼を自分の住まいに招くにあたり、みずから煤けた障子の破れをつくろい、質素倹約の範を示したという逸事が『徒然草』に残される。生没年不詳。

【2】鎌倉中期の第五代執権。北条泰時の孫。母は松下禅尼。摂家将軍を宮将軍にかえ、三浦氏を倒して北条氏の専権を強めた。執権を辞してから出家し、最明寺殿といわれるも、なお幕政に関与した。安貞元年～弘長三年（一二二七～一二六三）。

母訓当を得たり

家憲たる「勤倹」【3】の二字を実行して善く其子が斯道に進むの指南者となつたのは、誠に感服の至りである。一日、禅尼は、子息の時頼を招かれた事があつた。其折柄明り障子の破れた所を、切張に着手して居た場所へ児の義景が見えた。義景は此状を見て、「どうも切張では余りに、見苦しくありますから、大分紙も古びて居りまするゆゑ、誰そに御命じあつて、みなをお張替成されては如何。此様な事まで、御自身で成さらずとも、お宜しからうに」と云つた。すると、禅尼はほゝ笑んで、「尼も左様には存じて居るのですが、総じて天下の民を治むる心得はなるべく物事の大きくならぬ内に手を入れて、悪い所ばかりを、取り除き改むるものであると云ふ事を、若い人に知らせようと思ふ故であります」と云はれた。時頼は年少で、天下の大権を握られたのであるから、稍もすると、覇気が勝つて、性急に事を遣らうとする傾があつたのであらう。然し是れ程の立派な賢母が、内から助けられたゆゑ、時頼の治績【4】が非常に揚つたのも不思議では無い訳である。

## 二、遺孤を教へて、忠孝を全うせしむ　楠正行母

母の注意

母の訓戒

楠正行【5】は、父正成【6】の遺訓によつて、桜井の駅から故郷河内国へ引き還したが、心は一刻も父の傍らを去らず、いかに〳〵と心を痛めて居る程に、父は弥々摂州湊川に於いて、戦死せられたとの報が伝はり、続いて、足利尊氏より、父の首級を贈り遣した。正行はその変りはてたる父が死顔を見て、眼もくれ心も消え惑ひ、走つて、持仏堂に入り、父が形見の懐刀を抜いてあはや自殺を遂げようとした時、母は、我が子の素振を怪しみ、其後をつけて、次の間まで来て居たので、急ぎ其腕を取り止めて、涙ながらに諫して云ふには、「汝は幼くとも父の子であるから心を静めて、能く〳〵我が申すことを聞かれよ、汝の父が、桜井より、一人汝を故郷へ還されたのは、亡き跡を弔はせうといふ為でも無く、又汝の幸福を願はれた為でも無い。父が運拙くて戦死したならば、敵の勢ひはます〳〵強くなるであらうから、一族郎党を養ひ教へて兵を練り食を

【3】勤勉で倹約なこと。

【4】政治上の功績。

【5】南北朝時代の武将。正成の長男。父の死後、河内守・摂津守となり、南朝軍として活躍。河内の四条畷で高師直・師泰の軍に敗れて自刃。小楠公。楠木正行。嘉暦元?～貞和四年（一三二六?～一三四八）。

【6】南北朝時代の武将。河内の土豪。後醍醐天皇の鎌倉幕府討伐計画に応じ、幕府軍を相手に奮戦。建武の中興の功績で河内の国守と守護を兼ね、和泉守護となった。のち、足利尊氏と摂津湊川で戦い、敗死。大楠公。楠木正成。永仁二?～建武三＝延元元年（一二九四?～一三三六）。

貯へ、陛下の為に、賊を討ちて、宸襟【7】を休め奉れと仰せられたと帰つて我れに告げながら、汝は早く忘れたるか。能く思うても見よ。奸智【8】にたけて且残忍なる足利尊氏が、態〳〵父の首級を贈つて遣したのは、名を恩恵に借りて、其実は味方の勇気を挫かうとするのであると云ふことに心づかぬか。汝は身を金石と重んじて、一日も早く父が遺志を継がねばなるまじとて正行が持つたる刀を奪ひ取つた。正行は賢き母の訓戒に悟つて、忽ち自殺を思ひ止まり、遂に成長して四條畷に名誉の戦死を遂ぐるまで、河内の孤城を守つて居た楠氏の一統は、一人の背く者も無く屡〳〵大敵を馳け悩まして吉野行宮【9】の優鎮としてあつたのは、単へに此幼年の正行を助けて、一族をまとめ、郎党を慈しんだ賢母の力によることが、甚だ多かつたのである。正成戦死の当時、勝誇つたる敵を目の前に置いて志気の阻喪すべき味方を、毫も動揺せしめなかつた母夫人の力は、実に偉大であつたのである。

## 三、悲絶壮絶なり陣中の謡曲　瓜生保母

後醍醐天皇【10】の皇子恒良親王【11】、尊良親王【12】を北越に御補佐申し上げて、新田義治【13】

が、足利勢を防いで戦つた時、一族数を尽して、最も能く戦つたのは、瓜生氏であつた。けれども、敵は眼に余る精兵の大軍であつて、味方は数度の戦ひに労れた小勢であるゆゑ、遂に大いに敗れて、新田の一族里見伊賀守及[14]び瓜生判官[15]、同義鑑坊[16]も戦死し、

【7】天子のお心。大御心。叡慮。

【8】悪賢い知恵。悪知恵。

【9】延元元年＝建武三年（一三三六）から正平三年＝貞和四年（一三四八）まで、吉野に逃れた後醍醐天皇の行宮。吉野宮。

【10】第九六代天皇。在位一三一八～三九年。後宇多天皇の第二皇子。名は尊治。天皇親政・人材登用など政治の改革に努め、鎌倉幕府打倒を図ったが、正中の変（正中元年・一三二四）・元弘の変（元弘六年・一三三一）に失敗、隠岐に流された。のち、脱出して建武の中興に成功したが、足利尊氏の謀反により二年余で新政府は倒れ、後村上天皇に譲位、吉野で死去。編著に『建武年中行事』など。正応元～延元四＝暦応二年（一二八八～一三三九）。

【11】後醍醐天皇の第六皇子。名は「つねよし」とも。建武元年（一三三四）皇太子となり、建武政府が崩壊して同三年新田義貞らとともに越前金ヶ崎城に拠ったが斯波氏らとの戦いに敗れ、京都で毒殺されたという。正中元～延元三年（一三二四～一三三八）。

【12】後醍醐天皇の第二皇子。名は「たかよし」とも。元弘の変で土佐に流された。足利尊氏の離反には新田義貞とともに戦い、越前金ヶ崎城を守ったが、落城し、自害した。応長元～建武四＝延元二年（一三一一～一三三七）。

【13】南北朝時代の武将。脇屋義助の子。箱根竹ノ下の戦いに十三歳で初陣。以後南朝方として伯父の新田義貞、父義助にしたがって各地を転戦した。応安元＝正平二三年（一三六八）越後での戦いに敗れて出羽にのがれ、その後の消息は不明。元亨三～？（一三二三～？）。

【14】鎌倉・南北朝時代の武将。後醍醐天皇によって伊賀守ににんじられ、越前国の守護代となった里見五郎義胤か。

### 老母の勇気

### 我が子を犠牲として惜まず

越前の湯の尾峠の城も落ちたから、義治はやう〳〵敗兵をまとめて、杣山の城へ帰陣した。然るに判官保の母は、はや六十歳の上を越えた老人であるから、定めて子と甥との戦死を聞いて歎き悲しむことであらうと、義治も大いに心苦しく思つて居られた。けれども、保の母は賢明の婦人であるから、少しも悲歎の色を顕さず、却つて、自ら銚子盃を持ち出して、「我が子どもらの力が足りませぬゆゑに、御一族をお討たせ申して嘸や殿には御力落しで入らせられませう。が、幸ひに大将の御無事なのは何より愛たい事、是れが若しも、里見殿が、御戦死になつて、我が子どもが無事で帰つて参りましたならば、如何程、婆は面目無いか知れませぬが、子息一人と甥一人と御伴を申し上げたのはせめてもの申し訳で御座います。まだ幸ひ、子どもは三人残つて居りますから、みんな大将に差し上げます。何卒御心置き無く、御使ひ下されませ。兎に角、大将の御恙無い御祝を致しませう」と云つて、盃を義治にすゝめ、「サア皆様考へ込んで居ずに謡つて下され、縁喜直しに、婆が一さし舞ひませう」と、扇を取つて謡ひながらた

【15】瓜生保。鎌倉・南北朝時代の武将。越前（福井県）杣山城主。建武三＝延元元年足利方の斯波高経にしたがい、越前金ケ崎城の新田義貞を攻める。弟三人が義貞の甥脇屋義治をたてて挙兵すると、呼応して足利方にそむく。金ケ崎城の義貞救援にいく途中、弟の義鑑とともに今川頼貞に討たれた。通称は判官。?～建武四＝延元二年（?～一三三七）。

【16】瓜生判官の弟。

ち上つたので、大将の義治を始め、ありあふ人々も、勇気を引き立てられて陣中が俄に活気を生じたとの事である。天晴武人の母としては、斯くありたいものではあるまいか。

## 四、賢母の戒は鼎【17】よりも重し

清水太郎右衛門母

匹夫の勇を戒しむ

清水上野介は、相模の北条氏政【18】に仕へて、武勇の誉れの高い人であつたが、其妻はまた殊に、賢明でそして、膂力〔うでのちから〕【19】の優れた婦人であつた。然るに子息の太郎左衛門【20】は母の強力を受け伝へて生れたものと見えて、幼少の時から、非常に力が強かつたが、青年に及んでは、兎角に自分の膂力を頼んで、人を困らせたり争ひをしたりしては、腕力を示し、且常に甚だ傲慢であつた。母は此ありさまを見て大いに憂へ、ある時、子息太郎左衛門を膝下に呼び近づけ形を正しうして云ふには、「凡そ武士たる者が力を頼んで、学を修めず、自ら陣頭に立つて敵を打つのは、匹夫の勇【21】である。むかし支那の楚【22】の項羽【23】は、力強く千斤の鼎をあげた【24】けれども、烏江の戦が敗れて、命を失ふことになつた。又漢の張良【25】は、体が弱くして、見た所は女のやうであつたとのこ

とであるが、学識智謀が優れて居たから策を帷幕の裡【26】に運らして、大敵を討ち滅ぼした。せめて一方の大将ともなるべき者は、膂力は、少しも頼むには足らぬ。威あつて猛からず、情あつて柔からず、勢力があるからとて他を侮らず、困難に遇つても志を挫かず、義を守つて、礼を正しうし、寡欲にして色に溺れず、軍法を学修し、武略を鍛錬し、敵をしも、能く靡け懐くるを良将といふのである。然るに、汝は膂力を頼んで争闘を好み、傲慢無礼であつて、謙譲教敬の徳が薄い。斯う云ふありさまでは、ひと

---

【17】食物を煮るのに用いる、金属製の器。今の釜に当たる。三本足のものが普通で、「足がなへ」ともいい、ほかに、「円がなへ」「平がなへ」がある。

【18】戦国時代の武将。氏康の子。母は今川氏親の娘。父の遺志を継ぎ領国の拡大につとめ、安房、駿河、常陸を攻略したが、秀吉に小田原城を包囲され、自刃した。天文七～天正十八年（一五三八～一五九〇）。

【19】うでの力。腕力。

【20】清水康英。戦国時代の武将。後北条氏の家臣で伊豆加納矢崎城主（南伊豆町）、下田城主。北条早雲の代から仕えた譜代家臣である清水氏の清水綱吉の子。北条氏康から偏諱を受けて康実と名乗り、後に康英と称した。天文元～天正十九年（一五三二～一五九一）。

【21】ただ血気にはやるばかりの小勇。小人の勇気。

【22】上巻第三章注73参照。

【23】秦代の末。楚国の武将、項籍の字。漢の高祖（劉邦）と争って負けた。（前二三二～前二〇二）。

【24】重い鼎を持ち上げる。腕力の強いことのたとえ。（『史記』項羽本紀）

【25】謀略にすぐれ、漢の高祖につかえて大功をたてた。字は子房。（？～前一八九）。

【26】陣営。本陣。また、機密のことを計画、相談する場所。

り、其身を危くするのみならず、却つて、父の御名までも汚すことにもならうかと、深く痛心して居るのである。汝、能く母の詞を心に止めて、自ら其身を省みよ。」と懇ろに戒しめたので、根が愚かならぬ太郎左衛門は、深く先非を後悔し、其れよりしては、鷹狩、川狩の慰みさへ止めて、只管経義【27】を講じ、軍書を読んで勤学に余念なかつたから、数年を出でずして、文武の達人と人に尊敬せらるゝやうに成つた。是れは全く母の教訓の力である。

### 自ら怪力を慎む

母刀自【28】の膂力の優れて居た例を挙ぐればかやうな事がある。母刀自、ある時、重荷を積んでる車を曳いてた牛が、足を滑らして、険しい坂の上から、谷へ転がり落ちさうにした処へ出くはせた。刀自は、我れを忘れて、輿の内から飛び出し、牛を静かに抱いて、坂路の中央へ引き戻したが、顔の色も変らなかつたので、有り合ふ人々は驚きあきれた。けれども、刀自は、深く慎んで、他の前などで、我が腕力を顕した事は此時の外更に無かつたと云ふことである。

兄弟の友誼は、親の教ふべきもの

## 五、獅は千尋の谷に能く其子を試す。

佐竹侯母

佐竹修理太夫義隆【29】の夫人【30】（後、香寿院と号す）は、一門佐竹淡路守の息女で、右京太夫義虎と、壱岐守義長との母である。夫人は、二子の教育に深く心を尽して、頗る其補導に勉められた。其頃、長子義虎は下谷鳥越の邸に住まひ、二子義長は、本所の下屋敷に住まつて居た。で、母夫人は二人の子息に教へて、云はるゝには、「凡そ親子の愛は自然より出づるのである。親への孝行は、自分の考があるから教へてなさせなくても宜い。たゞ兄弟の友誼【31】は、親が能く教へて厚くなさせねばならぬ。其れで義長は兄上を大切に致さねばなりませぬゆゑ、三日目に一度づゝ必ず鳥越へ参つて、兄

【27】経書、すなわち儒学の経典の意義や内容。経書の説く道。

【28】女性を尊敬または親愛の気持をこめて呼ぶ称。また、家事をつかさどる婦人。

【29】江戸時代前期の大名。信濃（長野県）川中島藩主岩城家二代。後、出羽亀田（秋田県）二万石に転封。寛永三年伯父佐竹義宣の養子となり、一〇年出羽久保田藩（秋田県）藩主佐竹家二代となる。藩政の基盤づくりにつとめた。慶長十四～寛文十一年（一六〇九～一六七二）。

【30】江戸時代前期の女性。佐竹義章の娘。俗名は寿流姫。元和六～貞享元年（一六二〇～一六八四）。

【31】友好。

上の御機嫌を伺はれよ。縦令、風雨霜雪の朝であつても、決して怠つてはなりませぬぞ。又義虎は、弟が参つたならば、随分に労り慈んで、稽古をも遊戯をも一所に致されよ」と云ひ渡された。故に、義長は、いかなる大風雨、大風雪の日でも、必ず騎馬で、兄のもとへ行かるゝことであつた。然るに、一日、家老の梅沢某と云ふ者が夫人に拝謁を願ひ出たから、夫人は早速対面して何事であるかと問ふるゝと梅沢が申すには、「右京様御こと義長を云ふ御教のまゝに、三日目に一度必ず鳥越に御出で遊ばさるゝ次第で御座ります。是れは、御兄上を尊び且親しませらるゝためであらせらるれば、誠に結構な御事なれども、まだ余りに御幼年と申し、殊に御虚弱で渡らせられますから、如何にも御痛はしく存じ上げます。其れゆゑ、老臣どもと寄り〳〵相談を仕りまして、御旨を伺ひたいと存ずるは、右京様御渡りの日が、三日目に当つて居りましても、若し、大風、大雨大雪等で御座れば、晴天の日まで御延引遊ばされ日和を待つて御出で成りましても別に御差し支へもあらせらるまいかと存じまする。思召は如何あらせられませう」と申した。すると、夫人は嫣然と打ち笑んで、皆の者の心遣ひは過分に思ひまする。さりながら、其方達の存じよりは、ちと道が違ふやうに思はるゝ。能く思つて見られよ。今上様（将軍をさす）に召仕はるゝこともあらば、寒暑には耐へず、風雪ゆゑに参られずと、申すことが出来ようか。何時、御用を仰せつけらるゝと

治に居て乱を忘れず

も、少しも労を感ぜぬやうに、馬にも乗り習はせ、寒い目も暑い目もさせて置かねばなりませぬ。幸ひに、太平の時世に生れ逢ひたればとて、干戈【32】を蔵め、甲冑をも忘れて、安く眠るのである。其有難さを思つたならば、一日務めて二日休息するのは、余りに勿体無い程である。其方達の父祖〔ち、やぢい〕は殿の御供で、野陣をもし、霜雪をも踏んで、しば〳〵飢寒にも迫つたでは無いか。まだ、其戦国の時代から遠くも無いのに、其方達が、右様に気弱くなつては、誠に心細い次第である。世の中に、親が子を思ふばかり、深く厚いものは無いから、何とて、子を苦しめて、悦ぶ者があらうぞ。さりながら、獅は、子を生んで三日目に、其子を千尋の谷底へ落し、其自ら登り来ることを得る者は始めて我が子とし、其自ら登ること能はざる者は、捨てゝ顧ずとさへ云ふでは無いか。況んや、乗馬は、幼少の時から、習はして置かねば、鞍心を覚えぬものである。武人の家に生れた者は太平であるからとて弓馬の道を怠つてはなりませぬ。雨の日、雪の朝騎馬で往復すれば、乗馬も達者になり、身体も鍛錬致さるゝであらうから、折角の親切ではあるが、此義は採り用ふることは出来ませぬ。かやうな事は決して〳〵表などへは申し上げぬやうにせられよと懇々と諭されたので、梅沢は大きに感服し、且自分どもの

【32】干と戈。武器。また、武力。

考慮の浅はかで有つた事を恥ぢて、おづ〳〵引き下つたとのことである。

当時は、表がたの役人が、一々夫人に目見えすると云ふことは余り無かつたのであるが、佐竹家では、代々目付以上の役人は、殿と同じやうに、夫人へも目見えすることになつて居たのも、賢明なるこの香寿院夫人から始まつた事で、それが例になつたのだと云ひ伝へてある。

目付以上夫人の目見え

## 六、駘蕩たる春風靄然たる和気

湯浅元禎母

備前国岡山の藩士瀧陳良の女瑠璃子【33】は、幼少の頃から、才智優れて、且記憶力に富んで居た。齢二十八歳の時、同藩の湯浅英と云ふ人に嫁して、程無く一子元禎定を生んだ。其当時夫の英は、目付職であつたから、度々江戸へ出張して留守がちなりしゆゑ、瑠璃子は、能く家を守つて内政を整へ、又、子息の教育に深く心を尽した。兎角する間に、英も老年に及んで、且病に罹つたので、職を辞して国に還つたが、それから、ひたと病牀に打ち伏して、六年の長き歳月を経た間も、瑠璃子は、日夜傍らを離れず、手に手を尽したかひも無く、遂に還らぬ人となつたので、其後は、ます〳〵一子

## 子を教ふる法

の教育を、一意専心に勉めて居たが、瑠璃子は夙く早婚の弊を認めて居たものと見えて、元禎には容易に妻帯を勧めず。自ら家事一切より、子息の世話まで、一身に引き受けて為したけれども、さりとて、能く母親の威厳を有つて、聊かも我が子をして、礼を欠かしむるが如きことを為さしめず、其然る可らずと思ふことがあれば、懇ろに戒しめて、敢へて岐路に逸［それ］せしめなかつた。然しながら、瑠璃子は常に人に語つて云ふには、「凡そ、子を教ふるには、恩厳緩急の度を過らぬ事が肝要である。其不可なる点に於いては遠慮無く叱り懲らすべきも、其可なるところは、又随分に賞讃して遣はさねばならぬ。殊に文武の両道を励まし勉めしむると同時に、又一方には慰めもし休ませもして遣はさねばならぬとの事であつた。で、瑠璃子は、子の元禎が家に在る時は、或ひは古人の伝記歴史等に就いての物語をしたり、或ひは、歌を詠み、箏を弾いて、其心を楽しましめ、又は飲食を調理して饗応しなどもしたから、元禎は、母とゝもに、其家庭に、在ることを、此上無い満足として居たのである。又、瑠璃子は、元禎が外から還つて来た時は、殊に機嫌よくして、子息が出先であつた事の咄しを聞くのを楽し

【33】江戸時代前期～中期の女性。備前岡山藩士滝陳良の娘。二八歳のとき同藩士湯浅子傑の妻となり、のちに儒学者となる元禎（常山）を生む。大目付として江戸にある夫の留守をまもり、常山を大成させた。寛文一〇～寛保元年（一六七〇～一七四一）。『立会雑記』の著者として聞こえる。

みにして居るので元禎もまた何事をも蔵まず、母と咄せば、母は是れを能く聞いて置いて、為て善いと思ふこと、往つても善いと思ふ処へは勧めて遣り、勧めて行はせ、若し不可いと思ふ時は、寄り〳〵に【34】戒しめて止めさせてしまふ事であつた。そして又子息の友達の来ることがあつても、其れが益友〔よいともだち〕だと思へば、瑠璃子は、非常に機嫌よくて、もてなしをするし、損友〔わるいともだち〕だと思へば機嫌がよく無くて愛想もしないから、元禎は次第に損友には遠ざかつて、益友に親しむやうになつた。

一体年頃の男子は、其家庭に於いて、母親と共に在る事を好むやうなれば、決して、不品行に身を持ち崩すが如き事は少ないもので、大抵は、家庭の不平無趣味を感ずるところから、遂に青年男児をして、曲つた道を歩くやうな事に傾かしむる場合が多いのである。是れを思へば、瑠璃子刀自の如きは、賢母の鑑、慈母の手本と云つても宜しいのである。

## 七、貴きかな仮名の経典　黒井信蔵母

羽前国米沢の藩主、上杉家の臣黒井四郎左衛門【35】が女繁野【36】と云へるは、七歳の時、

手工を勉む

父を失ひ、俸禄も減少して、いとゞ貧困に迫る家庭の裡に、一人の母は、丹精にて、ややう成長ちたるが、親戚の甲乙も、憫然の事に思ひ、繁野が妙齢に達するを待つて、同藩の士、湯川某の子息源三郎を養子に貰ひ受け、繁野に娶せて、家名を継がせた。程無く男児も出生したから、是れを信蔵と号けて、撫で育み年頃の憂も少しは慰むることを得た。然るにこの児の生れた年の冬十一月夫は病の床に沈んで、遂に再び立つこと能はず、亡き人の数に入つた。この時、繁野は僅かに二十歳、年老いたる母と、まだ当歳の幼児とを抱いて、如何とも為んやう無く、一時に悲歎に臥し沈んだが、兎ても斯く涙にくれて居らるべき場合で無いと、自ら心を取り直して、繁野は日夜働き勉めて、少しの間も休むことをせぬ。或時は、糸をとり、綿を績ぎ、又或時は羽織の紐を打つて、賃銀を得、この種の内職に辛くも家計の補ひをなして居たうちに、母もまた、病を発して、久しく臥蓐を離れぬゆゑ、繁野は一層の困苦を感じて、殆ど難局に陥つたけれども、少しも志を屈せずして、能く母の長病を看護したが、老母も遂に没したので、其後は唯只管に、一子信蔵の教養に心を尽して、たゞ其成長を待つにつけても、父無

【34】ときどき。ときおり。

【35】黒井四郎左衛門重慶上杉藩の三手組に属した。

【36】江戸時代後期の女性。文化元～嘉永六年（一八〇四～一八五三）。

く家貧しくして、大切の教育に欠くるところがあつたと云はれては、亡き夫に対し、家に対して、申し訳無しと心得、自分には殆ど食を減ずる程のことがあつても、子息の学問、武芸の為に要する費は、決して欠かせた事が無かつた。さても、信蔵が七歳の時、繁野刀自は、今年からは我が子に漢学をも修めさせねばならずと思ひ、同藩の儒者某に入門させて、毎日、其所へ通学させた。然るに、刀自は、幼くして逆境に陥つたので何一つ、教育らしい教育を受けたことが無い、たゞ僅にいろは四十七文字を書き得るのみであつたから、かやうに子息に学問をさせても、其れが果して出来るや出来ぬやと、家庭で見て遣る者も無かつたならば、必ず進歩が遅からうと、心配したけれども、方形い字などはどうして、読むものやら解らぬ。そこで、刀自は、一策を案じ出した。まづ

### 復習の工夫

子息が師の家に往く時、後からそつと尾いて往つて、子息が素読を授けらる丶室の外の垣の下に蹲り居て、先生が読まる丶声の通りに、矢立の墨【37】に筆を染め、懐紙に写し取つて持つて還ること丶した。刀自は右の方法を以て、遂に四書全部を写し終つたのである故に、刀自は、子息信蔵が家に立ち還つて、其日〳〵の復習をする時、刀自は、糸車の前に例の写本を置いて、見て居て、間違つたところがあれば、質し直したの

【37】携帯用の筆記用具。墨壺についた筒の中に筆を入れ、帯に差し込んだりして持ち歩く。

で、子息は決して、宜い加減な事を読んで置くことが出来ぬ。であるから、能く其授けらるゝ教を心にとめて、ます〱勉め励んだゆゑ、師も大きに悦んで、行末頼もしい子どもだと云つて誉めたゝへた。其れから段々信蔵が成長するに従ひ、武芸もまた、良い師を選んで学ばしめたゆゑ、信蔵が成年に達する頃には、一般の青年中で、屈指の人となることを得た。

刀自が仮名書の四書は、今も猶、同家の子孫に伝はつて居る【38】とのことであつて、現に、其孫に当る人は、海軍将校の職に在るようである。かやうな婦人を、心の盲ならぬ人、心に学問のある女と云へば宜しいであらう。

## 八、賢母能く子を教へ又媳を輔く　鄒の孟軻の母

孟母が三遷の教【39】、断機〔はたをきる〕の戒【40】と云へば、大抵知らぬ人が無い程、名高い事であるから、此所に載する必要は無いやうなものであるけれども、孟母は実に賢母中の賢母なるゆゑ、如何しても、省く事は出来ぬやうに、感じたので、遂に爰に記す事としたのである。

孟母は、支那のむかし、魯の国の、鄒と云ふ邑の住人であつた。が、一子軻を生み落すと程無く、夫は没したから母の手一つで、女工を営んで、生計を立て丶居たが、もとより貧しい家のことなれば、なるべく借家料の安い処を見出して、住まうとてある寺の門長屋のやうな宅を選んだ。すると子息の軻は、まだ幼少の事であつて、何の考も無いから、毎日々々、葬送の真似ばかりして遊んで居た。賢い母は、此有様を見て「これは決して、幼き児を養ふべき場所でない」と云つて、其所を去り、今度は市街の裏屋に移つた。然るに軻はまた、小売商人が商品を担いで出たり、露店を張つたりして、小判を貪る【41】ところを、見たり聞いたりして、やはり、自分も左様な商ひの真似をして遊び楽んで居た。で、母は、「此所も愛児の教育には、宜く無い所である」と云つて、そして、今度は、学校の傍へ転居した。さうすると、軻は毎日、学校ごつこをした

【38】信蔵は母の仮名書きを「国字四書」と題し、子の悌次郎ら子孫に残した。

【39】孟子の母が、孟子を教育するために、より適した環境を求めて三度その居を変えたこと。転じて、母が子を教育するのに用意周到であることのたとえ。孟母三遷。三遷。（『列女伝』母儀鄒）

【40】中途で業を捨ててはいけないという教え。中国の孟子が、学業の半ばで師のもとから帰宅した時、機を織っていた母が、刀で機の糸を断ち切り、学業を中途でやめることは織りかけた織物をたち切るようなものだと戒めて、孟子を返したという故事。（『列女伝』鄒孟軻母）

【41】欲深くほしがる。

**三遷の教**

**断機の戒**

り、書を読んだり、字を書いたりする真似を始めたから、母は非常に悦んで、「此所こそは、我が子を育つるに屈強の所【42】だ」と云つて、遂に其所に止まつた。是れを、後に、「孟母三遷」などゝ云ふのである。

其れから、軻が今で云はうなら、高等小学【43】程度位に学問も進み、年頃になつた頃、母は、遠方に軻を遊学に遣はしたが、軻は如何にも、故郷に一人居る母の事が案じらるゝし、又、自分でも、この位出来たならば、邑の学校の教師位には成つて、家計を立てることも出来やうと考へて、まだ殆ど、中学を卒へた程で還つて来た。すると母親は、日の暮方、手もとの見えなくなる迄も、機を織つて居たのであるが、子息の軻が、「阿母、只今帰りました」と左も懐かしげに云つて、宅へ入つて来るのを見て母は、「汝学業はどの位進んだか」と問ふと、軻は「まだこれ〳〵で御座ります」と答へるや否や、母は、直ちに刀を取つて、織りかけた機帛を、ぱり〳〵と切り断つてしまつたから、軻は大いに驚いて、其故を尋ねたらば、母は斯う答へた。「見よ。此機は、蚕を養ひ繭となし、糸にとり、且染めて、是れを機台に掛けて、織り上ぐる迄には、幾その人の労力を費してあるか解らぬのに、今其れを丈疋となさず【44】、中途にて切り断つてしまへば、折角立派な帛も衣服に調製することは出来ぬ。其れと同じ事で、汝が学問も、若し今中途で廃したならば、一生片田舎の村人達に追ひ使はれて、僅に飢寒を免がる

## 夫婦の道は私室にあづからず

べき生計に追はれて、草木とゝもに朽ち果つるであらう」と云つた。孟軻は母の戒に且愧ぢ且懼れて、「誠に自分が、重々不心得で御座りました。さらば御暇を致します」と云つて、其儘飛び出して再び旅途〔たびのみち〕に登り、遂に孔子の孫の子思と云ふ人について、勤学して、大いに天下に名を成すに至つた。其孟軻が言行を記した書を「孟子」と称して、儒教では殊に尊重する四書の中に数へられ、是れを経典と云つて、道徳の教の源としてある。又孟軻は孔子と同じく尊んで、「孟子」と呼び、この事柄を称して「孟母断機」と云ふのである。

孟子は斯くの如き、賢い母の丹精によつて、遂に業を成したので、一家をも立派に立て某氏の女を娶つた。然るところ、一日、孟子の妻は、姑母のもとに来て云ふには、「何卒今日限、身の暇を賜はるやう、夫に御願ひ下され」と云つた。で、孟母は、其何の故なるかを問ふと、媳が云ふには、「自分が承りましたには、夫婦の道は、私室にあづからず、と申す事であります。然るに、先刻自分が部屋で打ちくつろいで休んで居た処へ、夫が入つてお出でに成りまして、大層、不機嫌な御容子で、ついと立つて去

【42】最適な場所。

【43】尋常小学校の課程を修了したものを入学させて、さらに高度な初等普通教育を施すことを目的とした学校。明治十九年（一八八六）の小学校令によって設置。高等小学校。

【44】長い絹織物として完成させずに。

られました。斯う云ふ事では、兎ても此末務まりますまいと存じます」と云ふを聞いて、孟母は直ちに子息を呼び近づけ、「汝はどうも妻に対するの道を踏んで居らぬでは無いか。礼に将に門に入らんとする時は、まづ其ある所を問ふ。敬をいたす所以なり。将に堂に上らんとする時は、必まづ其声をあぐ。人を戒むる所以なり。将に戸に入らんとする時は、必下を視る、人の過を見んことをおそるればなりと説いてある。然るに、今、汝は礼によらずして、人の礼を責むるは、甚だ心得違ひであらう」と云つた。孟子は、深く母の詞に感じて、妻に謝したので、何事も無く治まつてしまつて、其れからは、誠に夫婦の中も睦まじく、円満なる家庭を作つたとのことである。

並々の婦人であれば、兎角に生の子の肩を持つて、成さぬ中の媳にはつらく当るやうな事が多いのに、孟母の如きは、真に公平無類な婦人である。

己れ礼によらずして人に礼をせむること勿れ

## 九、老夫人門を閉ぢて驍将を戒む　楚の子発母

支那の春秋戦国の頃、楚の国の大将に子発といふ人があつた。楚は子発をして、秦【45】といふ国を攻めしめた時、発は兵糧の乏しくなつたことを本国に告げて、其輸送を速か

### 其子を問はずして士卒を問ふ

### 名将の古事

にせられたいとの意を申し含めて、使者を陣中より遣した序に、故郷の母の安否を問はしめた。子発の母は早速使者に遇つて、士卒の有様を問うたらば、使者は答へて、「何分糧食が乏しくて、米を食することは出来ませぬ。僅に菽や麦を少しづゝ分けて食して居りまする」と云つた。で、母は重ねて、「将軍は如何なる者を食して居らるゝか」と尋ぬると、使者又答へて、「幸ひに、将軍は、米や牛や豚を召し上つて入らせらるゝことが出来ます」と申した。扨、子発は秦を打ち破り、意気揚々として凱旋したので、是れを歓迎する沿道の人民は、実に潮の湧くが如く、今で云つたら、万歳歓呼の声が、天地を動かしたとでも云ふべき有様であつた。然るに、家に還つて来て見れば、門は閉ぢてあつて、内は寂然として居るので、発は怪んで、従卒に扉を敲かすると、内から人が出て来て、母上の仰せだと云ふことを聞けば、「汝聞かずや。越王勾践【46】が呉を伐たれた時、ある人が、酒一壺を王に贈つたらば、王はこれを江上に注がしめて云はるゝには、「我れこれを一人味ふに忍びず」とのことであつた。江に流した酒は、気も失せてしまつたゞらうけれども、士卒は其恩に感じて、勇気日頃に百倍したと云ふことであ

【45】中国の国名。戦国七雄の一つ。前二二一年に秦王政（始皇帝）が全国を統一した、中国最初の統一帝国。

【46】春秋時代、越の王。周の敬王の二六年（前四五九）、呉王夫差に捕らえられたが、のち許されて帰り、忠臣范蠡と力を合わせて呉を滅ぼした。

る。然るに、汝兵に将として敵国を征するにあたつて、士卒をして飢に苦ましめ、自ら梁肉【47】に飽くとは何事ぞ。詩にいはずや。楽みを好んで荒むこと勿かれ。良士は休々たりと【48】。汝は士卒をして死地に陥らしめ、自らその上に康楽して居た。今僥倖にして、勝つことを得たれども、道にあらず、此心を以て世に処するならば、遂には名を汚し、身をも滅ぼすであらう。されば、汝は我が子にあらず、故に我が門に入る必要は無い」と云はしめた。子發は母の戒めを聞いて大いに恐れ、先非を悔いて、深く其過ちを謝し、やうやく母の怒りが解けて、家に入ることを得た。

愚かなる親は、平凡の子をして褒めそやし、其心を驕らしめ、其行を過たしめ、遂に能く身を立つることを得ざらしむるに至る者さへあるに、此母の如きは、実に感ずべき次第である。

## 十、情義二つながら全く八子栄達を得たり　魏の芒氏の母

是れも、支那戦国の頃、魏【49】の国の芒卯【50】といふ人は、五人の子を残して没したので、更に孟陽氏の女を娶つた。そして、此後妻にも三人の子が出来た後、夫は病死したの

## 義士国法を犯す

で、一層、子の教養に心を尽したけれども、兎角に、先妻の子の五人は母を侮り疎んじて、無礼の振舞をしたけれども、母は少しも心にかけず、ます〳〵義理ある子のために尽したが、一向に其かひも無かつた。然るに、義子の一人が国法を犯して、刑せられやうとした時、深く歎き悲んで、いかにもして、是れを救ふよしもがなとさまざまに心を苦しめた為に、殆ど寝食を廃するまでに至り二重の帯の三重に廻る程、痩せ衰へた。是れを見る人々は、余りに痛はしく思つて、「貴婦は何故、彼のやうな不孝の子の為に、其れ程迄、御心配になるのですか。」と問うたら、母は涙を流して、「我が徳足らずして、義理ある子をして、不孝者よと云はするのは、亡夫に対しても、誠に申し訳無く、思ふのに、若しも彼の子を刑罰に処せしむるやうなことがあれば、自分は安閑と生きては居られませぬ。何卒、命に代へても、救ひ出したいと存じます」とて、潸然と泣き沈んだ。此慈母の噂が段々世間に広がつて、遂に魏王の耳に入つたので、「其れ程感心な義母の

【47】よい米と肉。美味しい食物。(『文明本節用集』、『後漢書』列子)

【48】あまり楽しみに溺れるな。家庭のことを考え、楽しみにふけったり、荒れたりしてはいけない。優れた男は、いつも慎んでいるものである。(『詩経』上巻・唐風)

【49】中国の国名。戦国七雄の一。晋の六卿の一として勢力を拡大、韓氏・趙氏とともに晋を滅ぼし、その領土を三分。前二二五年、秦に滅ぼされた。

【50】戦国時代の魏の政治家、軍人。生没年不詳。

王母の慈愛に感ず

生命を失はしむるに至らば、甚だ憫然のことであるから、此度に限、母の志に愛でゝ、子の罪を宥めよ」と沙汰せられたので、免された子息は、始めて夢の覚めたやうに、母親の厚き慈愛に感じ、同腹の兄弟と相謀つて、是れ迄の心得違ひを謝し、兄弟八人仲睦まじく成つて、専ら母への孝行を勉めたので、母の悦びは実に一通で無い。是れも単へに王の仁恵によることゝ、申し聞かせて、ます〳〵其子の教育に力を尽したゆゑ、八人の男児はみな立派な人に成つて、つぎ〳〵に魏の国の卿太夫といふ、重い役人になつたとの事である。

## 十一、髪を断つて賓客を饗し鮓を返して愛児を戒む

**晋の陶侃母**

晋【51】の陶丹は、家が甚だ貧困であつたゆゑ、湛氏は、嫁して来た時から、只管紡績の

【51】春秋時代の列国の一。春秋時代初期、山西の大半と河南の北部を領有。文公の時、中原の覇者となったが、領土を魏・趙・韓の三氏に分割されて衰え、前三七六年に滅亡。

我が子の益友をもてなす

業を勉めなどして、其家計を助けて居た。幾程も無く、男児を挙げて、これを侃[52]と号け、大切に養育したが、母の湛氏の思ふには、我が家いかばかり貧しければとて、我が子の学資に事を欠かするやうでは、親の役目が立たず、今よりして、ます〳〵働き励んで、子の修業を十分にさせねばならずと心を決し、弥弥辛苦患難して、かつ〳〵侃に学問を修めしめた。

ある時、鄱陽[53]といふ所から、孝廉[54]范逵といふ友人が来て宿泊したので、湛氏は其客人の容子や物語を見聞し、これは我が子のためには益友であるから、何卒満足を与へて還したいものだと考へた。折柄冬の半の頃であつて、雪が深く降り積つて、寒さもまた非常に烈しく、夜に入つては、ます〳〵堪へ難くなつた。ゆゑに母は、己れが臥床に敷いてあつた打藁を取り出して、范逵の乗馬に食はせ、又窃かに自分の黒髪を切り断ち、これを富める隣家の人に売り、其価で、食物の材料を買ひとゝのへて、暖かい物を作つて、賓客を饗応した。

斯くの如く、母が丹精して育てたかひがあつて、侃はまだ年少の程に、早く出世して、潯陽縣といふ所の吏になつて、其所に移り、漁業の事を監察する職に就いた。侃は母の恩を深く感じて居たから、少しでも、母を悦ばせたいと思つて、ある日、一坩の鮓を持たせて、母のもとへ使者を送つた。然るに、母は是れを見て、必、官物であら

### 我が子を廉潔に導く

うと云ふ事を察し、直に使者に其鮓を持たせて送り返す時、左の如き意味の書状を添へてやつたのである。「汝吏となつて、能く清廉を守ること能はず、却つて母に官物を贈り、母の憂ひを増さしむるは何ぞや」と、侃はこの書を読んで、大いに恐れ、深く後来を戒めた[55]との事である。

子を慈しむこと、陶侃の母湛氏の如く、且其不義を戒しむること、また斯くの如くならば、子は何としてか、善良有為の人とならざるべき。侃の当世に名をなしたのは、実に母の力である。嘗て賄賂事件の世に囂しかりし頃、一人の侃が母の如き人あるを聞かざりしは、誠に口惜しき次第である。

【52】陶侃。西晋、東晋の武将。父は陶丹、母は湛氏。高潔な人物で武勇も名高い。（二五九～三三四）。

【53】現在の中国遼寧省の省都。

【54】中国、漢代の官吏登用徳目の一。郡国の長官に孝行で清廉な人物を推薦させ官吏に採用した。また、その徴士の名称。

【55】こののち、あやまちのないように注意する教訓にした。

## 十二、姑息に流れず厳格に過ぎず　宋の二程子母

支那の宋【56】の世の二程子とは、即ち儒学に名高い、明道先生【57】と伊川先生【58】とで、其母は侯氏程大中公晌の妻である。

侯氏は夙に賢明の聞えがあつたが、其舅姑に事へ、夫を助くるに、遜順〔へりくだりしたがふ〕の徳を以てしたから、一家が誠に睦じくて、常に和らぎ楽んで居た。殊に侯氏が子を教育する方法は、実に其当を得たもので、緩急恩厳宜しきに協つた。二人の子息は、幼年の頃は、中々烈しい子どもであつたから、時としては、思ふやうにならぬとて、侍婢【59】を打ち又は罵りなどすれば、母の侯氏は大いに子どもを戒しめて、「彼れらは、人の婢僕ではあるけれども、やはりひとしく是れ人である。汝は決して、是れを傷ることは出来ぬ。大事にしてやらねばなりませぬ」と云ひ、又婢僕に対しても、過つた事をしたと思ふ時には、必子どもをして其過ちを謝せしめた。侯氏はある時人に語つて、「凡そ、立派な父の子と生れた者が、其父に肖ぬのは、多くは母の罪である。其れは、我が子の愛に溺れて、其我儘を増長せしめ、且其過失を隠蔽して、父に知らしめず、遂に表裏の心を養ひ、不正の道に逸れしむるやうなことになる迄、父は知らずに居る等

子に仁恕博愛を教ふ

父の眼を蔽ふ可らず

の事から、最早其子どもの過失は根を張つて、容易に抜き去ることが出来ぬやうになるのである」と云つた。誠に道理ある言である。

然れども、また一方には、十分暖かい愛を以て、子に対したので、二人の子息は、母を敬愛すること大方ならず遂に大いに天下に名をなす事を得たのである。

## 十三、善を以て養ふことを知れども禄を以て養ふことを知らず

宋の尹焞母

是れも宋の世に、河南といふ、所の処士尹焞[60]が母は、早く夫に別れて一子焞を貧困

【56】中国の国名。春秋時代の列国の一。周公旦が、殷の紂王の異母兄、微子啓を封じた国。前二八六年に斉・楚・魏の三国に滅ぼされた。

【57】程顥は、中国北宋時代の儒学者。字は伯淳。朱子学・陽明学の源流の一人であり、唱道した性理学を奉ずる学派を明道学派と呼ぶ。明道先生と称され、弟とあわせ「二程子」と呼ばれる。（一〇三二～一〇八五）。

【58】程頤は、中国北宋時代の儒学者。字は正叔。伊川先生と称された。兄の程顥とともに朱子学・陽明学の源流の一人で、兄とあわせ「二程子」と呼ばれる。（一〇三三～一一〇七）。

【59】そば近くに仕える女。侍女。

子に貧苦を示さず

伊川先生其母を知る

の中で、丹精して養育した。されども、賢き母は決して、家計の苦しさに耐へず、懶げな容子をしめしたり、愚痴を云つたりするやうなことは、仮初にもせず。いつも機嫌よく、我が子を取り扱ひ、且能く教へて、只管其成長を楽んで居た。そして母は、中々の学者であつたから、経書や歴史を子息に授け、段々其上達するを見て、これをして、伊川先生のもとへ遣り、其教を受けしめた。其出立の折、母は形を正して、惇を送るに能く実学を修めよと云ひ聞かしめたのである。扨、惇は先生に従つて学問をなし、大分進歩したから、都へ上つて進士の挙【61】に応じた。（これは、官吏に登用せられんが為に大学の試験を受けること）然るに、此試験は此時分から既に形式的に流れて、甚だ其精神を執ることを疎かにした。故に、惇の答案の語が善く無いといふ故を以て落第したから、惇は不平に耐へず、先生のもとへ還つて来て、「僕は、もう再び進士の挙には応じませぬ」と云つた。すると、先生は、「まづ往つて、考へ通りを母に告げよ」と命じたゆゑ、惇は故郷の母のところに還つて、斯く〳〵と落第の次第を述べ、又自分の考へをも語つた。母はつくづくと子息の咄しを聞いて、「我れは汝をば善を以て養ふことは知つたが、汝をば禄を以て養ふことは知らぬ」と答へた。其意味は、「汝に学問をさするのは善き人になれと希うたので、学問で、月給取になれと云ふことは願はぬ」と云つたのである。伊川先生是れを聞いて、「賢なるかな母や」と歎賞せられた。世には浅ましくも、子を強ひて、富を釣る餌に使ふ親さへありと聞くに、この婦人の如きは、真に母儀【62】の徳を備へた人と云つて宜しいであらう。

---

【60】北宋時代の儒学者。程頤の弟子。（一〇六一～一一三二）。

【61】中国で、科挙の試験科目の名称。のちに、その合格者をいった。

【62】母たる者としての模範。

# 第四章　西洋の賢母伝

## 一、家の母としても国の母としても敬愛すべき女性

索遜尼の王妃

墺国の太公エルンスト[1]の息女マーガレット[2]は、紀元一千四百三十一年齢十五歳の時、索遜尼[3]の順王フレデリッキ[4]に嫁がれたが、しかも、莫大の持参金を以て入輿せられたのである。爾後八人の王子女をさへ誕生あつて、身体も甚だ健やかなるに、又

【1】通称、エルンスト鉄公（Ernst der Eiserne）。神聖ローマ皇帝フリードリヒ三世の父。（一三七七〜一四二四）。

【2】マルガレータ・フォン・エスターライヒ（Margaretha von Österreich）。ローマ皇帝フリードリヒ三世の妹。（一四一六年頃〜一四八六）。

夫の兄弟を融化す

妃の摂政

奇世〔めじらしき〕の才幹あり、胆略あり、常に王を助けて、政治に参与せられ、大いに功績を挙げられた。其当時は、戦乱の余波なほ去りやらず、とかくに人気あら〳〵しくて、[5]王の兄弟の間にも、稍もすれば、争闘の起ることがあつた。マーガレットは深くこれを憂へ、陰に陽に其れを諌止し、又能く其れを調和して、遂に其事無きに至らしめた。マーガレットは、雄々しい気質の女性であつたけれども、また甚だ優に柔しい心根の婦人で、この多くの王子女を慈しまるゝこと大方ならず、公務多忙の中にも、其教養に就いての注意は、いつも細かにせらるゝが常であつた。然るに、奸雄[6]クンツ、フォン、ユーフンゲルと云ふ者、自分勝手の希望の遂げられざりしために、深く王と王妃とを怨んで、卑怯にも、隙に乗じて、二人の王子を盗み出し、其行方を闇ませた。爰に於いて、恩愛の情濃かなる王妃マーガレットの歎き一方ならず、忽ち非常線を張つて、普く国中に二王子を求めしめられたが幸ひにして、ある深林の中に隠してあつたところを、炭焼の男が見附け出して、事なく王宮に還し入れ参らせた。母君の悦び譬ふるに物無く、何でも望ましい事あらば、申せとの仰せであつた。けれども、純朴なる炭焼男は、たゞ我れらが一家をさゝふべき金を得らるべき丈の炭の資本を下だし賜はつたならば、此上無い有難いことゝと申し上げたので、王も王妃も、其無欲なるに感じて、さま〳〵の物を添へて賜はつた。斯くて、王の薨ぜられた後、妃は若き王の摂政として、二十年の久しき間、政務に与かられ、治績も中々能く挙つたのであるが、分けても、貧民のために、厳寒の間、これを屋内に収容して、飢寒の苦を救はるべき方法を立てられたのは、誠に女性の同情より出たところの善政であると、人民も歎賞敬服して、「家の母として慈仁なる王妃は、国の母としても、また甚だ慈仁[7]あらせられた」と云ひ伝へたとのことである。

## 二、慈恩子を薫じ又他人を化す　英吉利のアスプレー夫人

「恭謙[8]に且有徳に在しまして、我れらを教訓し給ふるは、単に口の上にとゞまらず、

【3】ドイツの歴史的地域名。ラテン語名サクソニア（Saxonia）、英語名サクソニー（Saxony）。その範囲は時代によって変遷しているが、一一八〇年以前は、ドイツ北部のライン川とエルベ川の間、ザクセン人の居住地域をさす。

【4】フリードリヒ二世（Friedrich II）。寛大公（der Sanftmütige）と呼ばれた。神聖ローマ皇帝フリードリヒ三世の妹であるマルガレータと結婚し、間に八人の子女をもうけた。（一四一二～一四六四）。

【5】人の行動や心などがあたりかまわずはげしく、乱暴なこと。

【6】悪知恵に長じた英雄。

【7】情け深いこと。

【8】慎み深く、へりくだること。また、そのさま。

行の上に顕はし示したまへりき。いとも〳〵懇なりし御教育の畏さは、世とゝもに、忘るゝこと能はず」とは、アスプレー子爵夫人【9】が息女ハチソン夫人【10】の、其母が永眠せられた後ありし世の事を思ひ出して、恋しさに耐へず、書き記したのである。

### 調薬術の進歩

紀元一千六百年代の後半期に生れた、英国の貴族子爵アスプレー夫人は、夫が高等監獄の長であつたから、殊更、囚人を憐む同情が深くなつたので、まづ其病者を救ふべく、手づから、薬剤を調合して、しば〳〵監獄を見まつたが、遂に調薬の術に著しき進歩を見に至つたゆゑ、其方法は、すべて息女のハチソン夫人に伝へて、ますます化学実験の参考に供せられた。是故に、囚人等は、子爵夫人等に対しては、極めて柔順であつて、恰も、嬰児が母を待つやうな態度であつたから、夫人は、忌はしき監獄に往くことを、外の人が、楽しき遊山の場所へでもゆくやうに、大いに愉快に感じて居られたのである。

斯くの如く、他人を罪ある人にまで親切なりし夫人は、またいかでか其子に親切ならざらん。夫人の専ら深く心を尽されしは子女の教育であつたが、其優なる心は、夫をも感化すること少なからず、夫も、監獄の長としては、実に得難き慈善家であると、世人も尊信敬愛した。果して、かやうな善き母の手に育てられた子どもは、皆善き人となつた中にも、取り分け、ハチソン夫人は、まさに母親の精神をも、面影をも写して、第二の慈善家賢婦人となつたとのことである。

## 三、国の独立を生めりし母　北米のワシントンの母

我が大日本帝国が未曾有の大戦を、欧州強国の第一に数へられつゝある、露西亜帝国と開くに当り、唯一に同情を寄せて、陰に陽に助けらるゝところの北米合衆国は、猶嘗て五十余年のむかし、我れらが、鎖国の夢を醒しくれられたる、旧恩の国である。其旧恩ある米国が新たに、この世界に独立ちして闊歩し始めた、建国の父は云ふ迄も無く、ジョージ、ワシントン[11]であつて、其母は即ち其慈母のメーリー[12]である。（メー

【9】監獄だったロンドン塔などを管理したアレン・アスプレイ（Allen Aspley, 一五六七〜一六三〇）の夫人（Lucy (St. John) Franke, 一五八四〜一六五八）。ハッチソン夫人の母。

【10】ルーシー・（アスプレー）・ハッチソン（Lucy (Asply) Hutchison, 一六二〇〜一六八一）。アレン・アスプレイの娘。翻訳者、詩人、伝記作家。政治上、失脚し亡くなった夫ジョン・ハッチソン大佐（John Hutchinson, 一六一五〜一六六四）の回顧録を執筆。

【11】ジョージ・ワシントン（George Washington）。米国の初代大統領（在任一七八九〜九七年）。大陸軍総司令官としてアメリカ独立革命を勝利に導き、独立後は憲法制定会議議長を経て大統領に就任、連邦政府の基礎の確立に努めた。（一七三二〜一七九九）。

偉人の精神も名誉も造りし者は母、

リーのことは、聊か第一篇に載せたこともあるが、どうしても、西洋の賢母伝の中より省くことが出来ぬから、其名を再出して、稍前條よりも委しく書かうとするのである）。

ジョージ、ワシントンの母メーリーは往昔ポトマック河のほとりに殖民した、ポールといふ名家の裔であつて当時のヴァルジニアの女子は、自活独立の気概に富み、いにしへのスパルタ婦人の面影があつたとのことである。メーリーは、後妻として嫁いだ時、既に先妻の子、即ちジョージ、ワシントンの兄、ローレンスとオーガスチンとは、妻を迎へて別家をなして居た。で、メーリーには長男ではあるが、夫の為には三男に生れたのが、ジョージ、次がサムエル、次がヂョン、オーガスチン、次がチアールス、長女はエリザベス、次女は、ミスドレッドと呼んだが、これは幼少の時に没した。メーリーは、斯く嫁して程無く、ジョージを生み、漸々多くの子どもを持つたが、夫は、ジョージが十歳の年に亡き人の数に入つたのである。故に、ジョージ、ワシントンは、常に人に語つて、「父のことは、何分記憶に存して居るものが少ない、唯其容貌と愛情とが、朧げに眼の底に残つて居るのみであるが、我が運命も我が名誉も、すべて母の手

【12】メアリー・ボール・ワシントン（Mary Ball Washington）。一七三一年にオーガスティン・ワシントンと結婚した。（一七〇八～一七八九）。

**家庭厳粛**

**他の母親を励ます**

に作られたのである。」と云つたとの事であつた。母のメーリーは、深く子女を愛して、彼れらには、常に天真爛漫面白く遊び戯るゝことを許して置くけれども、決して、度を超えしむることなく、家庭は極めて厳粛であつて、子供は常に正しき規律を守らするやうに導いた。其れゆゑ、ワシントンは、大功を立てた後も、母の前では、殆ど生徒が教師に対するやうな態度であつて、そして、母は身を終るまで、母の威厳を失はなかつたのである。母メーリーは、独立戦争【13】開始の際、特にワシントンが注意によつて、諸方の戦報が最も早く伝はる処で、そして、戦闘区域を去ること遠く、比較的安全であると認めらるゝ、フレデリックスバルグといふ村に移り住んだ。爾後、七年の長い間、或時は、心地よい捷報も聞えたが、又或時は、非常に驚くべき敗報も伝はつたので、人々が母を訪ひ慰むると、メーリーは、「最愛の子を戦場に出して置くのですから、親としては、案じらるゝに違ひないですが、然しこれは人類の権利のため、世界の自由のため、名誉の戦ひに臨んだのであるから、仮令今にもあれ戦死の報が来たとて、涙をこぼしてはなりませぬ。其れよりも、出来るだけ後援の力を添へて、幾多の軍人をして、善く戦はしむるのが肝要であります」と云つて、心弱い母親達を励まして居た。

斯くて、七年と云ふ長い戦争の舞台は廻転して、漸く平和の幕があいた。総督ワシントンは勝ち誇つた大軍を率て、母の住む処のフレデリックスバルク迄凱旋したが、まづ其村の入口に軍隊をとゞめて、独徒歩で、母の家を訪問れた。是れは、母の倨傲【14】を悪み、虚栄を嫌ふ、高潔の志を知る為である。老母はいつもの如く、家事に従つて居たが、子息の還つて来たのを見、又其面貌に幾筋の皺を生じたさまを打ちまもつて、多年の辛苦もさこそと思ひやられたので、まづ其健康を問ひ、知人の消息を尋ね、喜色満面に溢れて、さま〴〵の物語をせられたが、子息の功名に関しては、一つも問ふところが無かつた。

### 子の功を褒めず

老母は、何人が如何なる賞讃の詞をつらねて、子息のことを問はれても咄されても、「彼れは善良なる者です」といふより外の詞は出さなかつたとの事である。

ワシントンは、大統領となつて、国の主宰たりし間も、たゞ、恐るゝところのものは、母であつて、又親しむところのものも母であつた。ワシントンをして、終始、「我が最も大切なりとする者は、生命にあらず、名誉にあらず、勿論利益にあらず、たゞ一の老母のみ」と云はしめた。メーリーは実に賢母中の賢母といつて宜しいのであらう。

【13】米国の十三植民地が英国の重商主義政策に対して自治権を求め、独立を獲得した革命。一七七五年の武力衝突に始まり、一七七六年独立宣言、ヨーロッパ諸国、特にフランスの支援を得て英国軍を破り、一七八三年のパリ条約で独立が承認された。アメリカ独立戦争。

【14】おごり高ぶること。また、そのさま。

米国の母、

嘗て七年の戦争が終つて、外国武官が、帰国しようとした時、始めて、ワシントンの母に遇ひ、其言語挙止を見、相顧みて、互に歎賞して云つた。「米国の母といふ者が、斯くの如き立派な完全な者とすれば、其子の名を成すは怪しむに足らぬ。其国の独立するもまた怪しむに足らぬ」と。

頌徳碑

「ワシントンの母メーリー」とのみ彫られた、簡単なる頌徳碑に、爾後並び立つべき偉大の母あることを聞かぬ。既に偉大なる母無しとすれば、又偉大なること、ワシントンの如き子を出さゞるは、決して不思議では無いのである。

## 四、一栄一枯其志をうつさず　仏帝ナポレオンの母

教会堂の分娩

地中海コルシカ島に聞えたる愛国の士、チヤールス、ボナパートの妻、ラモリナ、マリー、レチシヤ【15】は、十八歳にして、ボナパート家に嫁し、二十一歳の年ある教会堂の門を出ようとする時、俄に産の気が就いて、家に還るいとまなく、詩聖ホーマー【16】の名篇イリヤド【17】に見えたところのツローの役のさまを織り出した、壁掛の布片を敷布の上に敷くや否や、玉の如き男児が生れた。是れが即ち他日、欧州全世界に動乱を引き

## 慰藉訓戒

起した英雄、ナポレオンである。このナポレオンは、次男で長男と弟妹と八人の子女とを教育したレチシヤ夫人は、其順境に在ると、逆境に在るとを問はず、始終同一の堅固なる精神を以て、善く其子女を教へ導かれた、極めて賢明な女性であつたが惜むべし。子のナポレオンは、賢母の諫めを用ゐずして、独自ら専らにし、遂に無上の栄達の境から又無比の失望の淵に沈淪するに至つた。

　ナポレオンは、至つて烈しい性質であつて、一時は旭日の登るやうな勢力であつたから、兄弟達がいろ〳〵の事件で、兄の怒に触るゝことがあるやうな事も折々あつたが其の時は、いつも母レチシヤは、これが為に調和の労をとつて、無事に治めらるゝことであつた。次男ナポレオンが栄達しはじめた頃、既に父は歿して、母のレチシヤのみ残つて居たので、其繁忙も心労も一通りでは無かつたのであるが、レチシヤは、此間に立つて能く万事を処理し、内外の人に、悦服せしめて居たのは、決して尋常の婦人の、

【15】マリア・レティツィア・ボナパルト（Maria Letizia Bonaparte）。ナポレオン・ボナパルトの母。フランス皇太后。結婚前の姓はラモリノ（Ramolino）。（一七五〇～一八三六）。

【16】ホメロス（Homeros）。古代ギリシアの二大叙事詩『イーリアス』ならびに『オデュッセイア』の作者と伝えられる詩人。生没年不詳。

【17】『イーリアス』。ホメロスの作とされる古代ギリシアの英雄叙事詩。

企て及ぶべきで無い。殊にナポレオンが皇帝の位に登つてからは、少なからぬ年金を参らせて皇太后と尊んだ。然るにレチシヤは、毫も富貴に驕つて、奢侈に流るゝが如きことをせず且その当時泣く児も声を止むと云はれた、勢威赫々たるナポレオンに対しても、猶能く母の品位を有つて、しば〳〵其憤怒を抑へ、ある時は其勢ひに乗じて、無理な事をも為し遂げようとする、皇帝の心を知らんとし、さま〴〵に諷諭【18】せられたことも度々であつたが、豪気慓悍【19】なるナポレオンは、賢母の言を用ひずして、余りに人望に逆つたことも、無遠慮に強行した結果、遂にウオートルローの大敗【20】を招くに至つたのは、実に遺憾千万のことであつた。レチシヤは、嘗て三男ルーセンが、兄ナポレオンの勘気を受けて、伊太利の羅馬に配流せられた時には、母レチシヤは深くルーセンに同情を寄せ、遥かなる山川を越えて配所に至り、懇ろにいたはり慰めつゝ、其心身に障りの無いやうにと保護せられた。なれども、また一方には、飽くまでも、兄の意向に従つて、恨み背くこと勿からんことを教へ、猶能く悌道【21】を尽すべく誨されたのである。

その後、ナポレオンが運命は、一栄一枯恰かも走馬燈の如く廻り変つて終に、セント、ヘレナ島に於て、はかなく病死せられたと云ふ凶報を聞かれたのは、レチシヤが七十三歳の時であつた。かねて期したる事とは云へさりとは一時、全欧州に轟き渡つて、

### 悲んで傷らず

雷の如く鳴り響いた英雄の末路、磯打つ波の外には、音づれ寄る者も無い、孤島の中に恨を呑んで此世を辞し去つた、我が子の臨終を聞くに及んでは、さすがに雄々しき賢母の腸も、寸断〔きれぎれになる〕せられざるを得なかつたのである。然しながら、暫時にして、哀別の涙を抑へ、また再び悲歎の声をも発せず、唯其力の及ぶ限、慈善のわざに余生を慰めて、羅馬の閑居に清く静かなる生涯を送つた、一千八百三十六年の二月二日、八十六歳の高齢を有つて、永き眠りにつかれたのである。レチシヤは、ナポレオンが歿後、口には其子に就いて、愚痴らしいことも、また悲しみのさまも、云ひあらはされなかつたけれども、爾後一切黒装を用ひ、黒衣を身に纏ひ、私しに於いては、子息なるも、

### 先帝の喪に服す

仏蘭西国民としては、前皇帝の喪に服する心持で居られた容子であつた。実に傷はしい婦人、感ずべき母親であると云はざるを得ぬ次第である。

【18】とおまわしにさとす。

【19】すばやい上に、荒々しく強いこと。また、そのさま。

【20】ワーテルローの戦い。一八一五年六月十八日、ベルギーのワーテルロー付近においてイギリス・オランダをはじめとする連合軍およびプロイセン軍と、フランス皇帝ナポレオン一世（ナポレオン・ボナパルト）率いるフランス軍との一連の戦闘。フランス軍が敗北し、ナポレオン戦争最後の戦闘となった。ナポレオンはフランス議会に対し、軍の再建と復讐戦の準備を要求したが、受けいれられず、退位。百日天下に終止符を打った。

【21】年長者に柔順に仕えること。また、兄弟や長幼の間の情が厚く、いつくしみあうこと。

子女の教育は人手に任せず

## 五、慈悲の実は結べり母の愛の会　仏蘭西のフーゲレー夫人

アン、フランセスカ、フーゲレー夫人【22】の父は、当世に名高い弁護士、母は有徳なる名家の生であつて、夫フーゲレーは即ち、収税局長、舅は慈善病院の幹事であつた。凡そ人の母として、子を慈まぬものは無けれど、アン夫人の如きは、又特別の子煩悩であつたから、交際社会の務が、中々忙がしく、寸暇の無い体であるけれども、子女の教育は人手に任せず、すべてこれを自らした。斯くの如く、夫人は極めて深く子を愛したれど、また子の為にならぬ事がある時には、厳しく訓戒を加へて、それを矯正し、愛に溺れて、気儘の行をさするやうなことは、決して無かつたのである。然るに、凡庸の婦人であれば、我が子の愛の非常に深い者は、却つて其愛に偏して、他人の子を愛する情、所謂博愛心は寧ろ薄らぐ傾きがあることを免がれぬものであるが、アン夫人は左様で無い。全く我が子の愛をおして、他の母親の心を汲み、其舅がしばしば慈善病院中に於いての悲惨なる少児の物語を聞き、いかにもして、寄付金を十分ならしめ、これらの人々の為に不足を補はせたいものと考へ、遂に、当時慈善家の名高き、ユッセ女公を説いて、一千七百八十八年に「母の愛の会」といふものを組織し、とう〳〵憐

**孤児収容**

れな貧民の子持や孤児を収容することが出来るやうにされたが、悲しい事には、同国革命の変乱にあひ、一時は夫も其禍に罹つて、右の会も殆ど衰へてしまつた。なれども、アン夫人の大方ならぬ尽力によつて、遂に夫と家とは救ふことを得た。夫人の歿後、「母の愛の会」は再び隆盛に趣いて、弥々益々、夫人の余沢を受くることを得るやうになつたのは悦ぶべき次第である。

アン夫人は革命の戦乱後、田舎に引き籠つて、静かなる生涯を送り、それからは、一意専心に愛児愛孫の教育にのみ力を尽して、世の波風は隙も求めぬ、家庭の天国に、孝なる子や孫に囲繞〔とりまかれ〕せられながら、享年五十八歳の年に永眠せられた。

## 六、母の賢なるを見て子の賢なるを知る

### 独逸のゴエテの母

**温容子に対す**

有名なる独逸の詩人、ゴエテ【23】といふ人の母は、極めて寛厚温和な婦人であつた。故に子息のゴエテに対するにも、常に物和かに嫣然な容子して、いかなる時でも、詞づか

【22】『欧米名士の家庭』（明治三六年）に拠ると、一七八八年、母の愛会設立。（一七四五〜一八一三）。

子は敦厚の人となる

ひなど、決して荒々しいやうな事が無かつた。そして己れが経歴錬磨の効をうつして、子を教へ導いた。されば、ゴエテは常に人に語つて、「我が成業は全く母の賜物である」と云つた。ある人が旅より来たつて、母親に遇つた後、人に対つて云ふには、「我れは、ゴエテの母に面会して、始めて、ゴエテが尋常の人で無いのは、何の故であるかと云ふ事が解つた。古語に其母の賢なるを見て、其の子の賢なるを知るとあるのは、実に確言である」と歎賞した。斯くの如く、賢明にして慈愛深き母に育てられたゴエテは、どうしても、敦厚【24】の人とならざるを得ぬ。で、ゴエテまた能く其母に孝養をした。ゴエテの詩風は温乎として玉のやうなと、評せられてたは、蓋し其性情の溢れ出たところの声であらう。ゴエテは、母の歿後も猶其恩愛の浅からざりし事を思うて、せめてもの心やりにとて、母の親友なる老婦人を、母のやうに敬ひ親んだと云ふことである。

## 七、写真に対して記しなす教訓の書　和蘭のシャフエル

和蘭の名画工〔なだかいゑかき〕シャフエル【25】の母は、其子を仏蘭西の巴里へ遊学に出してやつて、自分には、殆ど其衣食を減ずる迄に節倹して、学資に不足の無いやうに送り、し

ばしば書を寄せてシャフエルを慰藉し、或は訓戒することが、頗る親切であつた。今試みに、其母の書状の一ツをとつて、其意味をうつせば、左の如くである。

我れ、此書を認むる時の形状を、汝はまのあたり見るにあらざれば、よも斯ばかりとは思ふまじ。我れは、机にむかふ折、まづ汝が写真を取り出だして、肖像に対すれば、物云ふ如き汝の面影懐かしさに覚えず、涙ぞさし汲まるゝ。斯くも恋しく懐かしき汝に、我れは時としては、詞烈しく叱りもし、戒しめもすることあるは、単へに汝を思ふ恩愛の底ひも知らず、いと深きが故なることを知るべし。汝は常に勉め励みて、決して業を怠ること勿れ。善く謙譲の徳を守りて、苟且にも人に傲ること勿れ。是れ身を保ち、業を成すの秘訣なりと知れ。汝若し、汝が業の人

【23】ヨハン・ヴェルフガング・ゲーテ（Johann Wolfgang von Goethe, 一七四九～一八三二）。ドイツの詩人・小説家・劇作家・自然科学者・美術研究家。代表する作品に小説『若きウェルテルの悩み』、戯曲『ファウスト』、小説『ウィルヘルム・マイスター』、叙事詩『ヘルマンとドロテーア』、詩集『西東詩集』、自伝『詩と真実』などがある。ドイツ古典主義を確立。自然科学の研究にも業績をあげた。日本では森鷗外によるゲーテの詩、とくに『ファウスト』の翻訳（一九一一年）が有名。

【24】親切誠実で人情に厚いこと。

【25】アリー・シェフェール（Ary Scheffer）。フランス（オランダ生まれ）の画家。ロマン主義的で感傷的な作風の絵で知られ、聖書の画題やゲーテなどの詩に取材したものを多く描き残した。（一七九五～一八五八）。

巧を造物主に比べよ

に優れたりと思ふ心起らば、造物主【26】の作れる万物に較べ見よ。而して、其良心に質し見ば、必ず其優劣分明にして、未だ我が業の造物主の作に及ばざるを知り、良心の光ます〱明らかになりて、遂に傲慢の念を断つことを得べし。我が心に打ち思ふまゝを書きつらねて、最愛なる我が子におくるにこそ。

シヤフエルは、賢母の教によつて、身を立て名を顕はすことを得たのであるから、深く其母を尊敬し、母の歿後に、其女に送つた、シヤフエルの書状は、実に左の如き意味であつた。

幸運に達するの道三つ

今我が汝に書き送る事は、我れ自身の考にて云ふにはあらず、汝が祖母の口づから云ひ教へ給ふことなりと思ふべし。凡そ人の幸運に遭遇せんとするには、三つの道あり。労力と克己と寡欲となり。天にます神の御心も、実に是れに外ならざるなり。今我が身既に老いて、過ぎ来し方の、くさ〲の事を思ふに己れを損して、人を益せし事少なからざりき。さるからに、此世を辞すべき時の近く成ぬる。今日に至るも、心はいと安らかにして、急ぐことも無く猶予ふ念も無し。返す〲も、これらの言を、我が言とな思ひぞ、賢き祖母の御教ぞと、貴び思ふべし。

賢母の余光は子を照らし、又其孫女にまで及んだのである。実に敬慕すべく、欽羨【27】すべき家庭にあらずや。

## 八、ユーゴがユーゴたりしにあらず　ユーゴの母がユーゴたらしめしなり

### 仏蘭西のユーゴの母

紀元一千八百二年の二月、仏蘭西のベサンソン市に呱々の声をあげた、ヴィクトル、ユーゴ【28】は、いかなる小児であつたかと云ふに、身長は尺に満たず、頭は非常に大きく、手足は極めて細く小さく、頸の骨は無きが如く軟らかであつて、生れて十五ヶ月の間は、少しも首がすわらず、ぐにや〳〵として、始終、胸の方へうな垂れて居た、其不具しい虚弱い児が、他日、大いに、世界に名声をあげて、「仏蘭西のユーゴでは無い。ユーゴの仏蘭西だ」と云いる、に至つたのは、抑も誰れの力であらう。云ふ迄も無く、賢にして且健なる母が、不抜の耐忍と、精密なる注意とによつて、弱を変じて強となし蒙を化して賢たらしめたのである。

【26】万物をつくった者。天の神。

【27】敬いつつ、うらやましく思うこと。

【28】ヴィクトル＝マリー・ユーゴー（Victor Marie Hugo）。フランスの詩人・小説家・劇作家。ロマン主義文学の主導者。共和主義者としてナポレオン三世のクーデターに反対し、十九年間亡命。『レ・ミゼラブル』の著者。（一八〇二〜一八八五）

果実を採ることを禁ず

ヴィクトル、ユーゴの父は、ジョセフ、レオポルド、ユーゴといふ人であつた。早くより身を武官に置いたから彼のナポレオン第一世及び其弟ジョセフ、ボナパルトに仕へて、少将まで進んだ。当時戦乱の世のことであつて、此所彼所に出征を命ぜられ、始めの程は、其都度家族を携へて往つたが、父も其煩に耐へず、且は種々の困難あるがために、遂に、巴里に止めて、子どもの教育は、母の手に一任することゝした。然るに、ユーゴの母は賢明にして且胆力あること、殆ど丈夫も及ばぬ程であつた故、ヴィクトル、ユーゴの二人の兄と共に、撫育【29】至らざるところ無く、訓戒実に其当を得た。

ユーゴの母は子を教ふること厳正にして、其命令の能く子どもに行はれた一二の例証を示せばまづ左の如きありさまであつた。ユーゴが七八歳の頃、其後園に多くの果物がなつて居たが、母は、子どもに戒しめて、一つでも、母の許を得なければ採ることはならぬと命じたので、ユーゴはある日、「阿母あの果物が、若し能く熟して落ちて居ても、取つてはいけませぬか」と聞いた。母は直に、「勿論」と答へた。で、ユーゴは重ねて、「其れならば、落ちて腐つてしまつても、取つてはいけませぬか」と問ふと母は又、同じやうに答へた。其れ故、果物は落ちて腐敗したのが沢山あつたが、誰れも拾ふ者は無かつた。

又、隣家へ、テランドといふ天文学者が引つ越して来て、其隣に男の児が許多居る

小さき靴痕は庭に印せず

体育の重んずべきを知る

のを見て、庭に入つて来て騒がれては迷惑だからとて、隔の垣を作らうとした、すると、ユーゴの母親は、其儀ならば御心配には及びませぬ。お隣の庭へ往つてはならぬと申しつけますから」と云つた。其時には、テランドの心の中では、「爾云つても、頑是無い男の子どもの事だから、覚束無いものだ」と斯う考へて居た。然るに、爾後何ケ月立つても、此テランドの庭内に小さい靴の跡は一つも印せなかつた。

ユーゴの母、幼き子どもを携へて、西班牙から巴里に還つて、移り住んだ家は、庭園も多く、種々の草木が繁茂して、四時折々【30】に、花咲き実を結ぶ、一小天地の楽園に、世界の兵塵も外にして、母子は平和の春に薫ぜられつゝあつた。然しながら、其当時の教育界には、徳育、智育の重んぜざる可らざるを説くこと盛にして、体育の重んずべきを説く者が少なかつたにも関はらず、賢き母は、子どもの体力の増進を計り、さま〳〵の方法を以て、其筋骨を逞うすることに勉めしめた。母は又ヴィクトル、ユーゴの文学の天才あるを見て、これに教へて云ふには、「汝文学を以て、生計の道を立てようと思ふな。生計の道は外に講ぜよ。然らざれば、真正に高尚なる学者となることが出来ぬであらう」と教へた。で、子どもには園芸大工又は他の手工学を、正課の外に修めしめて、専ら自ら立つの精神を修養させたのである。

一千八百十七年、仏国学士会院にて、題を設けて懸賞の詩を募つた時、ヴィクトル、ユーゴは十五歳であつたが、此募集に応じて出した詩は、最優等であつたけれども、其余りに年齢の若いために怪まれて、優等賞を得ることが出来なかつた。母はこれを憤つて、ユーゴを連れて、学士会院に往き、其不当を論じた。此頃から「神童ユーゴ」の名は国中に響き渡つたのである。

ヴィクトル、ユーゴの父は、無二のナポレオン党であるのに、母は純粋のブルボン党【31】であつたから、兎角に、夫妻の間には、主義上の反対論が起つて、時々衝突をしたが、一世帝ナポレオンが滅亡の後、遂に夫婦は離居することゝなつて、子どもはみな母と同棲するやうになつた。ユーゴの母は、肺焮衝【32】に罹つて、病臥に沈んだので、子どもは、日夜其傍らを去らず、心を尽して看護した。此大病中も、母はユーゴの詩作を見ることを楽んで居たのであるが、或懸賞詩の募りに応じて、ユーゴは一詩を送らうとしつゝあつた。折柄母の大患に遇つたので、看護に追はれて、其方に心を移す暇が無かつた。一日母は、ユーゴを顧みて、「此間応募した詩はもう出来たか」と問うたので、ユーゴは、「イ、エ、ついまだ作りませぬ」と答へると、母は、「いく

【29】かわいがって育てること。

【30】春夏秋冬の季節ごとに。

【31】フランス革命以後、主にナポレオン・ボナパルト失脚後に生まれたブルボン家支持者。レジティミスト。

【32】肺の組織に発生した炎症。肺炎。

大患中子の詩作を問ふ

ら、臨時の用が出来たとて、詩作を止めるやうな事はいけない、勉めて早く作つたら宜からう」と軽く戒しめたが、さも〳〵失望らしい容子であつた。其れから、暫らくすると、母はすや〳〵と睡に就いた間に、ユーゴは忽ち鉄筆を取つて急作の詩を書いて、其の紙片をそつと睡つてる母の手の中に置いた。母は睡より覚めてこれを読みはら〳〵と落涙して悦んだ。此母の熱涙に湿うたところの詩篇は、其時応募詩中の最優等たる喝采を得たのである。母はつひに起つこと能はずして、愛児が孝行なる看護の手から、離れて不帰の旅人となつてしまつたけれども、仏蘭西の文豪、ヴイクトル、ユーゴの名は、此母の丹精によつて長く世界に伝はつて、不朽に残ること丶なつたのである。

## 九、賢母の統治せる家庭は実に天国なり

英吉利のウエスレーの母

ウエスレーの母スザンナは、一千七百年代英国のある片田舎に住まへる、牧師某の妻であつて、十九人の子女をもつた人である。最も此内六人は死して成長したのは、十三人であつた。スザンナは、容貌麗しく、操は正しく、敬神の心深く、又才学に秀で丶居た。（此子女の内で、殊に世に名高く聞たのは、詩人チヤールス、ウエスレー【33】と、

### 小児の静穏

大宗教家メソヂストの開祖ジョン、ウエスレー【34】とである。）斯くの如く多数の小児を養へる家庭に、遂に小児が高き泣き声も、争闘の声も聞えた事がなかつた。天使の如き愛らしき子供は、常に慈愛深くして爾も厳格なる、母の傍を囲繞いて、唱歌を謡ふやら、手風琴【35】を翫ぶやら、毬を投るやら、花を摘むやら、誠に賑やかで面白さうであつた。

### 軍隊的小児団

が、一度、母が「斯くせよ」又は、「止めよ」と命令すれば、忽ち、彼れらは其命令のまゝに、動きもし止まりもすること、恰も、将校の指揮に従ふ兵卒の如くであつた。母は常に小さき幼稚園の保母となり、小学校の教師となり、この幼児や生徒に教ふるのは、中〳〵忙がしい事であつた。けれども、家事の一切もまた、我が一手に整理して余す所無く、務め行うたのである。で、子供等は、みな母を尊信愛敬し、其大人となつた後も、猶母を唯一の相談相手と頼んで居た。毎日午後五時から、三時間、子供は、一定の教訓書を読み、且各学課の復習をして、寝に就く掟であつて、母は猶、晩

【33】チャールズ・ウェスレー（Charles Wesley, 一七〇七〜一七八八）。メソジスト運動の指導者であり、ジョン・ウェスレーの弟。チャールズは主に、多数の賛美歌を記したことで知られる。代表作に「天には栄え」（*Hark! the Herald Angels Sing*）など。

【34】ジョン・ウェスレー（John Wesley, 一七〇三〜一七九一）。英国の神学者・伝道者。メソジスト教会の創始者。その伝道方法、信仰上の主張がイギリス国教会から認められず、独自のメソジスト運動を展開。著書に『信仰日誌』ほか。

【35】アコーディオン。

食後、一人々々の子供について、古人の伝記、物語などを聞かする事で、是れを子供等は、非常に楽んで居たのである。

### 夫人の剋苦

スザンナは、夫の牧師が、不幸にも少許の借財のために、入獄した時自分の衣服装飾品一切を売払つて、良き食物を夫に送り、猶剋苦【36】勉励して、遂に其義務を果した。

### 夫人の従順

又夫が長い旅行中、教会堂に於いて、夫に代つて、能く聴衆を満足せしむべき程の説教をする人物が無かつたので已む無くも、スザンナ夫人が代つて、説教したところが、大いに聴衆の同情を得て、いつも参会者が堂に満ちた。然るにこのありさまを見て、嫉ましくも思ひ、又は因循【37】な見識から、出過ぎたなどゝ考ふる人が有つて、是れを悪しざまに、夫の牧師のもとへ書き送つた。で、夫は、妻に忠告して、以後説教はせぬ方が宜からうとの意味を書に認めて妻のもとへ遣はした。大体の女ならば、将に衰へようとした教会堂の勢ひを挽回して、人望を納めた功をこそ褒められずとも、謂はれ無き、中傷的の言を信じて、此行動を止むるとは、余りであるとの不平も洩すべきに、スザンナは、此書状に対する返事は、「我が敬愛せる夫よ、我れは御身の妻ならずや、縦令其事柄の善きにもせよ。悪しきにもせよ。御身が快しと思ひ給はぬ事を、何とて行ひ申すべき。忠告すとは他人がまし。など夫の命令もて、差し止め給はずや」との意を書き送り、直ちに、会堂を閉ぢて、また再び出でず。慎んで夫の言に従つたのである。

## 個々の教訓

斯くの如く、母の従順貞節なる挙動を、まのあたり見聞するための、何としてまた孝悌ならざる謂はれがあらうぞ。ジョン、ウエスレーのやうな、厳厚篤実の大宗教家を出したのも、また決して偶然では無い。

右の如き家庭に教育せられた子女は、また其同胞と相親しみ相愛することが世の常で無かつた。其れは、彼れらが幼ない時分から、兄弟と相争ふことは、母が最も苦痛とするところであつた故に、子供は、知らず〳〵の間に、母に薫陶せられて、互に相戒しめつゝ、遂に僅の口論をもせぬやうになつたのである。

スザンナ夫人が夫に送つた書状の一節を写せば左の如き意味である。

自らが子女を教育致し試み候ふに、子供の各自に就きて、其特質上に利益あるべき物語などを別々に申し聞かせ候ふ結果、極めて宜しきやうに覚え申候。縦令ば、月曜日にはモリツト、火曜日にはヘツチー、水曜日にはナンシー、木曜日にはジヨン、金曜日にはパツチー、土曜日にはチヤールス、日曜日にはエシリー及びサツキーの二人と、かやうに定めて、教育致し候云々〳〵。

又子息のジョン、ウエスレーが、母のことに関して記したもの丶一節を記せば実に左

【36】心身を苦しめて、励み努めること。刻苦。

【37】古い習慣や方法などに従うばかりで、それを一向に改めようとしないこと。

我意を戒しむ

過ちを重ねしめず

善を勧む

の如くである。

我が母は、我意をいふことを以つてすべての罪悪と不幸との淵源【38】なりと惟へり。宗教の主旨に在るが如く、人は人道を行ふべきために勉むる者にして、已れが希望を達するがために活く者たらざることを信ぜり。故に母は子供に教ふるに、「服従」の二字を以てせられぬ。是れ則ち其子供の為にして又他人の為なりと思へり。されば家庭に於いて、叫びや小言や泣き声を聞くことは極めて稀なりき。こは、子供等が、如何に泣き叫ぶとも、我意を達すること能はず、寧ろ耐忍と沈静とは却つて其希望を達することを得るものなりと、心得るに至りたればなり。子供は下婢下男に対しても、「願くは、何〳〵を与へられよ」と丁寧に請ふにあらざれば、何物をも得ること能はざりしなり。又十九人の子供は、同じ過ちを重ねて、母に叱られたることあらざりき。且又子供が過ちを悔い改めたる時は、必ず賞を与へらるゝことなりき。殊に服従し難き事にも服従せし時は、母は大いにこれを賞讃せらるゝを常とせり。縦令、失敗するとも、善事を企てたるは、賞せられて、再び其失敗を重ねざらん事を戒しめ、これ且其成功すべき方法と注意とを親切に教らるゝことなりき。家庭の裡に於いては、約束は必ず履行せられ、所持権は能く重んぜられたり。

右の書状によつて見るも、いかにスザンナ夫人が統治のもとに在つた。家庭の王国の立派に整頓してあつたかは、想像するに難からぬ事である。斯かる小王国に生れた小国民の、各々其色々に麗しく染め上げられて、愛たき果を結んだのも、実に偶然では無い。西語に曰く、揺籃を動かすの手は、天下を動かすに足る」[39]と実に至言と云はなければならぬ。

良妻と賢母　下編　終

---

【38】上巻第二章注18参照。

【39】アメリカの詩人、ウィリアム・ロス・ウォレス（William Ross Wallace, 一八一九～一八八一）のことば。下田歌子は、実践女子学園設立に当たって記した「帝国婦人協会設立の主旨」において学校設立の意義や自らの大志を広く世に問うた際、「揺籃を揺るがすの手は、以て能く天下を動かすことを得べし」（「揺籃」〔ゆりかごの意〕をゆらす手、すなわち、女性こそが「天下」を動かすことができる）と述べている。この言葉が「女性が社会を変える、世界を変える」という実践女子学園建学の精神にして、信念の基となった。

# 良妻と賢母のうしろに

拙著「良妻と賢母」は嘗て家に在りけるをしへ子達に、呉竹のよゝに傑れたる女の伝記どもを、片糸のより〳〵に物語りつるを、書き留め置きたるどもを編みて、今より八とせが昔、ふみ屋[1]のあるじの請はるゝまゝに参らせ置きつれど、其の後ふつに音も無くて、今日まで過ぐされつる事さへ打ち忘れたりつるが、こたび、そを公にせんとありしかば、そは余りに年月も多く積もりぬ、何事をいかさまに記し置きたりしかをも能くも覚えねば、今暫し考へ試みんまで待ち給へ、と言ひやりつる事の行違ひて、早う巻は成りぬとて見せられたる、いとも〳〵本意なき限りなれど、この文は前に述べたるやう

【1】書物を売る店。本屋。ここは出版社をさす。

に、旨と古人の伝記をものしつるなれば、大きなる過ちもあらじを、今更にかいやり給へと言はんも、ふみ屋のぬしの為いとをしければ、唯其のゆゑよしを巻の末に加へて、さながらものする事とはしつ、看ん人その筆の跡のおぼ〳〵しきもいかでみゆるし給へよかし。

明治四十五年四月

編者しるす

# 解説

久保 貴子（下田歌子記念女性総合研究所専任研究員）

ここに「新編下田歌子著作集」の一冊として『良妻と賢母』を復刊する。下田歌子の教育といえば、すぐに「良妻賢母」を連想する向きも多いだろう。そこから本書を下田歌子の教育観、思想を代表する著作と受け止める人も少なくないはずだ。何をもって代表作とするかは議論のあるところだろうが、この表題から本書を通して下田歌子の著作に初めて触れた方もおられることが想像される。そこで本書の刊行にいたる「新編著作集」のラインアップをあらためて振り返るとともに、下田の著作や伝記についても簡単に触れておきたい。

「新編下田歌子著作集」は、下田歌子の著作の中から、現在絶版で、尚且つ現代社会や女子教育に資することが大きいと考えられる作品を選び、年に一冊のペースで刊行してきた。本書で五作品を数える。現代の読者の理解に供するために、人名や歴史的な出来事を中心に注記を加えている。既刊をあげれば、二〇一六年刊行『婦人常識訓』（校注・伊藤由希子）、二〇一七年刊行『女子のつとめ』（現代語訳・伊藤

由希子)、二〇一八年刊行『女子の心得』(校注・湯浅茂雄)、二〇一九年刊行『結婚要訣』(校注・久保貴子)である。

そもそも『良妻と賢母』の原本は、「女子自修文庫」の第五編として明治四五(一九一二)年に冨山房(東京市神田区裏神保町)から出版された。底本は菊判の四つ目綴じ(縦二二・〇センチ×横十四・五センチ)、表紙中央に外題簽を模して「良妻と賢母 全」(縦十五・二センチ×横三・四センチ)と記した和装本(冊子装本)全一冊である。流水に紅葉を散らした龍田川文様で誂えられた紙表紙は、緒言に「若き女子のこれに企て及ばんことを、期せられたいと願ふのであります」と下田歌子自身が述べたように、若い女性読者を多分に意識した、見目麗しい装丁になっている(裏表紙は、無地白色紙)。さらに全編に挿絵一〇枚(上・下編各五枚)が入れられている。前遊紙一枚、扉題には「下田歌子著 良妻と賢母 全 女子自修文庫 東京 合資会社冨山房發兌」と記す。内題は「女子自修文庫第五編 良妻と賢母 下田歌子著」(上編一頁)である。緒言二頁、目次一〇頁、本文二六三頁(上編一四〇、下編一二三頁)、後記二頁、奥付一頁、巻末には広告七頁を置いている。

『良妻と賢母』表紙

巻末の広告に「下田歌子先生著 女子自修文庫 完成」と言祝ぐとともに、「この文庫は女子必須のもの、みを選み、最も現代女子の教育上に資益せんと欲する著者の希望なのである」と喧伝する。明治三七（一九〇四）年に刊行が始まった「女子自修文庫」は、第一編「女子の心得」、第二編「女子の文芸」、第三編「女子の技芸」、第四編「女子の衛生」、そして第五編「良妻と賢母」であった。この文庫の構成と執筆はすべて下田歌子自身に拠るものである。広告文は、

各編最も通俗なる文体を以て最も実用的なる事項を選み、総振仮名にて何人にも解り易く、而かも直ちに実践躬行し得べきを期せり、現代の家庭を作る明治の若き女流諸媛の座右の宝典として缺く可らざるは勿論己に妻たり母たる方々にも必ずや幾多の活教訓を与ふべきは更に喋々を要さぬのである。価は低廉で、体裁優美であるから嫁入前の令嬢方への御遣ひ物としては最も恰当の書物である。

とあるように、このシリーズが「実用的なる事項」「直ちに実践躬行し得べき」を網羅し、「現代の家庭を作る明治の若き女流諸媛の座右の宝典」であることを力説する。それとともに、「通俗なる文体」であり、「総振仮名にて何人にも解り易」いことが強調されている。

何よりも実用的なこととわかりやすさを喧伝しているのは、出版社の売るための戦略であったろうが、下田自身も高邁な観念よりも、まずわかりやすさと実用性を重んじていたことは、本シリーズの著作群からも読み取れるところである（昨年度復刻刊行した『結婚要訣』は現代の結婚情報誌と似た実用性を併せ

持っている）。

さて、この広告文のある意味、扇情的な内容から見えてくるように、下田歌子の著作は刊行当時、絶大な影響力を持ち得ていた。『下田歌子先生伝』（故下田校長先生伝記編纂所編・発行、昭和十八（一九四三）年）は、個人の伝記というよりも偉人伝ともいうべき大著であり、当時の日本人の女性として、こういった伝記が書かれただけでも特別な意味を持っていたと考えられるが、その中で下田の著作が同時代にどのように読まれていたかを次のように伝えている。

明治中期より大正にかけて、わが国の若き中流婦人の座右には、必ずわが下田先生の筆に成った何冊かの書物が備へられてあった。（中略）世上の父たり母たる人々は、まづその子女を他へ嫁がせるに当って、彼女が一生を貫いて服膺すべき経典として、多くの綺羅びやかなる調度、綾羅錦繍と共に、必ず下田先生の著書を持参せしむる用意を忘れなかった。蓋し、およそ日本婦人としての心構へと、修養と、芸能と、日常家庭生活の上に生ずべき一切の出来事に関する指導と忠告とは、挙げて悉く、わが下田先生の著書中にこれを発見することが出来たからである。

もちろん、下田を主人公とする著作ではあるので、すべてをそのままに受け止めて良いかはわからないが、下田歌子が多領域にわたって多くの著作を執筆し、広く読まれたことは確かであろう。以下に主な著作をあげるが、著作に収められなかった、例えば『日本婦人』や『少年世界』などの雑誌に寄稿した著述（板垣弘子編『下田歌子著作集資料編（一）〜（九）』一九九八〜二〇〇二年、学校法人実践女子学園、が収載している）もあり、多忙な教育活動の中で、寸暇を惜しんで執筆活動にあたっていたことがわかる。

まず、『和文教科書』や『国文小学読本』、『女子用文習字帳』（上下）などの教科書類、その他に、『泰西婦女風俗』（明治三二（一八九九）年、大日本女学会）、『婦人常識の養成』（明治四二（一九〇九）年、実業之日本社）、『婦人礼法』（明治四四年、実業之日本社）、『礼法家事　婦人修養十講』（大正三（一九一四）年、国民書院）などの修養書類、「家庭文庫」（全十二冊、明治三十（一八九七）年〜明治三四（一九〇一）年、博文館）、「少女文庫」（全六冊、明治三四（一九〇一）年〜明治三五（一九〇二）年、博文館）、「子女教養全書」（全六冊、明治三五（一九〇二）年〜不明、古川勝次郎）、「女子自修文庫」（全五冊、明治三七（一九〇四）年〜明治四五（一九一二）年、冨山房。含・本書）などの文庫全書類、『信越紀行』（明治三三（一九〇〇）年、実践女学校）、『皇国ぶり』（明治四〇（一九〇七）年、春陽堂）などの紀行和歌類がある。

特に明治三〇年代〜大正初めにかけては、文庫や全書など纏まりのある著作を矢継ぎ早に世に問うている。その「女子自修文庫」の最後の一冊として上梓されたのが本書『良妻と賢母』である。先の広告文でも確認されるように、下田歌子の著述は、読者対象を女性全般に置く。また、内容も家政全般から習字や書簡文、礼法、看護、女子の心得や修養に至るまで広範囲にわたることが特徴ともいえる。数多くの著作を通して述べられた数々の言葉は、下田歌子の口蓋に触れることが出来ない全国の読者のもとに届けられた。

下田は『良妻と賢母』の「緒言」に刊行の目的を次のように記している。

主として、古今東西の良妻賢母の嘉言善行を採り蒐めて綴りなし、年少女子が斯道に進む参考にもと考へたのであります。（中略）国柄によっては、甲と乙と、其の標準を異にするの已むを得ぬやうな事もあるのでありますから、試みに今仮に妻と母との云ひ行ふべきところの責任範囲を定めて、そして、昔でも今でも、東洋でも西洋でも、まづ大抵これならば、模範として、習ひ行うても、大きなる間違もあるまいかと思はるゝ、婦人達の略伝を当てはめて、記して見たのであります。

また巻末には「良妻と賢母のうしろに」として、以下のように記している。

拙著「良妻と賢母」は、嘗て家に在りけるをしへ子達に、呉竹のよゝに傑れたる女の伝記どもを、片糸のより〳〵に物語りつるを、書き留め置きたるどもを編みて、今より八とせが昔、ふみ屋のあるじの請はるゝまゝに参らせ置きつれど、其の後ふつに音も無くて、今日まで過ぐされつる事さへ打ち忘れたりつるが、こたび、そを公にせんとありしかば、そは余りに年月も多く積もりぬ、何事をいかさまに記し置きたりしかをも能くも覚えねば、今暫し考へ試みんまで待ち給へ、と言ひやりつる事の行違ひて、早う巻は成りぬとて見せられたる、いとも〳〵本意なき限りなれど、この文は前に述べたるやうに、旨と古人の伝記をものしつるなれば、大きなる過ちもあらじを、今更にかいやり給へと言はんも、ふみ屋のぬしの為いとをしければ、唯其のゆゑよしを巻の末に加へて、さながらものする事とはしつ、看ん人その筆の跡のおぼ〳〵しきもいかでみゆるし給へよかし。

八年ほど前に教え子のために書きためておいた優れた女性の伝記、すなわち『良妻と賢母』の原稿を書店の店主に乞われて預けたのが、今になって出版を持ちかけられたというのである。よく覚えていないので待ってくれと店主に言ったところ、もう本は出来ていると言われ、店主が気の毒だし、そう間違いもないだろうということで出版を承諾したと述べている。にわかには信じられないほど、のんびりとした話であり、どこか『枕草子』の跋文を連想させるような、かすかな虚構性も匂わなくもない文章である。ただ本書がまず教え子のために、下田の内輪で書かれていたことは、著作の源泉を考える上で特筆すべきことのように思われる。

さて、本書は「上編」では「妻の範囲」を定め「一、妻と主婦との区別」「二、妻と夫との職責範囲」（第一章）を述べた後に、「何をか良妻と云ふ」（第二章）と良妻を定義する。そして具体的な実例を「東洋の良妻伝」（第三章）および「西洋の良妻伝」（第四章）に集めて紹介している。「下編」では、「母の範囲」（第一章）を定め「何をか賢母と云ふ」（第二章）と賢母を定義する。そして具体的な実例を「東洋の賢母伝」（第三章）および「西洋の賢母伝」（第四章）に集めて紹介している。つまり、上・下編が対称になるよう構成されて、古今東西を比較して、日本に即した「良妻」「賢母」像を模索し提示した著作となっている。模範的な実例が列記される内容・形式は伝統的な「孝子伝」「偉人伝」などと同じであり、明治期にも多く出版されていた。下田の著作にもそのような形式を踏襲したものが多いが、本書も同じである。

『女学叢書　欧米名士の家庭（正・続）』（松浦政泰編述、正編明治三六（一九〇三）年二月、続編同四月）は、

> 本邦の女子教育は、近来稍勃興の兆を呈せりと雖も、之を他の方面に比して尚甚だ幼稚たるを免れず。（中略）嗚呼女子教育に関する万般の問題、未だ解釈せられずして、教育家も女子其者も五里霧中に彷徨する観なき能はず。（中略）先進なる欧米諸国の女学に関する有益なる著述を本邦に紹介し、或は本邦女子教育家が多年研究せし結果を公にするは、実に是れ刻下の一大急務なり。

と記している。明治という急速に西洋化が進む時代において、日本や東洋だけではなく、西欧の女性の生き方を伝えることが時代の要請であったことがわかる。読者の興味にも適うものでもあったろう。下田歌子は本書において、このような要請に応えるように、古今東西を比較し具体例をあげつつ（上編第二章二「良妻なるもの、東西の評定異同」、下編第二章二「賢母なるもの、東西の評定」）、さらにそれぞれの逸話を述べて（上編第三章「東洋の良妻伝」・第四章「西洋の良妻伝」、下編第三章「東洋の賢母伝」・第四章

「西洋の賢母伝」）紹介している。西洋の良妻、賢母の実例を紹介する理由を下田は、その後に世に問うた『日本の女性』（大正元（一九一二）年十二月、実業之日本社）において記している。この書は、日本の上古より徳川末期に至る女性の変遷を大略しているが、

古より今に至るまでの、吾が日本女性の長所短所＝殊に長所に注意し、＝を子細に調査研究して、そしてその長所を失はざらしめ、以て新来の外国思想文物の優良なるに混和し補足し、而も骨子は吾が旧来の善きを採って存立し、皮膚には彼新来の美を加へたならば、希くば完全に近き所の女性を得る事が出来るであろうと、竊に予期して居る次第で御座います。

と述べている。日本女性の長所を骨子として新来の外国の優良なものを皮膚として加えることで美徳備わる理想の女性となることが出来ると理由づけている。あくまでも日本女性の優秀性を述べることに主があるが、外国の女性の優れたところも受け入れることでより十全なものになるという柔軟な姿勢が見てとれるだろう。

そのような柔軟な姿勢は下田の洋行体験も大きく影響していたに相違ない。ここで下田の洋行に至る歩みを確認しておきたい。

女子教育の先駆者であり実践女子学園の創立者下田歌子は、安政元（一八五四）年美濃国岩村藩平尾家

に生まれた（幼名は鉐）。『伊豆七島図考』の著書で知られる高名な儒者東条琴台を祖父に持ち、父の鉐蔵も儒者であった。下田は後に当代の紫式部に準えられるが、紫式部が残した作品はどれも学問の家に生まれた出自による重厚な学識に裏付けられている。「当代の紫式部」とは、出自にも共通性を見出せることから下田へ贈られた讃辞といえる。

上京の翌年（明治五（一八七二）年）、すぐに宮中出仕し、やがて明治天皇皇后美子（のちの昭憲皇太后）から「歌子」名を下賜された。下田猛雄と結婚して退官するも下田学校（のちの桃夭学校）を自宅で開校し、ほどなく夫と死別して華族女学校の創設時期から携わることになった。明治十九（一八八六）年には華族女学校学監兼教授に任ぜられている。

やがて明治天皇第六皇女常宮（竹田宮恒久王妃 昌子内親王）、第七皇女周宮（北白川宮成久王妃 房子内親王）の「御教育掛」を拝命し、欧米諸国の皇女教育や女子教育、家庭教育の視察のために明治二六（一八九三）年九月渡航し、明治二八（一八九五）年八月に帰国した。下田にとってこの経験は極めて大きく、欧米女性の風俗や社会的地位の有り様について見聞し帰国した後は、皇女教育の傍ら明治三一（一八九八）年「帝国婦人協会」の設立、翌年その教育門事業として私立実践女学校・女子工芸学校を創設した。愛国婦人会の結成にも携わり、その行動範囲は女子教育の領域に留まらず、慈善活動などの社会活動にも生涯にわたり尽力している。昭和十一（一九三六）年にこの世を去るまで勢力的に生き抜いた正に「実践躬行」した一生涯であった。故郷岩村（現在の岐阜県恵那市岩村町）では佐藤一斎、三好学とともに

「三偉人（三先人）」と称えられている。

欧米視察は下田歌子のターニングポイントであり、帰国後下田は次の言葉を残している（「過ぎにし跡（その一）」昭和三（一九二八）年十一月、実践女学校開校三十周年記念式典における講演の一節、『下田歌子先生伝』）。

私は明治二十八年の末、畏きあたりの御内意を受けて、前後ほぼ三年に亙る欧米（米国の方は、少なうございました）視察の旅から帰って参りました。其の間に私の感じた事は、中流及び下流の人民の教育が、いかに大切であるかと云ふ事でした。

それまで下田歌子が教育対象としてきた上流の人々と異なる階層の人々を教育対象とすることを決心したという。そして明治三十年代以降堰を切ったように執筆し、次々と世に送り出した下田歌子の著書には、本書を含め『泰西婦女風俗』、『泰西所見 家庭教育』（「家庭文庫」第十二編）、『内国少女鑑』（「少女文庫」第三編）、『外国少女鑑』（「少女文庫」第四編）といった渡航体験を基盤とした作品が多く見受けられるようになる。華族女学校のような上流階級の女性に特化するのではなく、大衆も含めた、遍く日本の女性にむけて、欧米の女性の有り様を紹介し、それを日本古来の女性の有り様にあわせて、新しい女性の生き方を探究しようとしていたように思われる。

下田歌子は、本書「上編第二章　何をか良妻と云ふ」において「所謂、良妻なるものは、いかなる行を為して、而して其名に背かざるを得るかと云はゞ云ふ迄も無く、其夫の唱ふるところに順って、善く其家庭を理め整へ、又善く貞粛の徳を全うして、他の侮を受くること無く、夫をして、毫も内顧の憂無からしむるやうにあるべきであらう。」と述べ、また「下編第二章　何をか賢母と云ふ」において「東洋でも、従来、上流社会に於いてこそ、生母嫡母などの複雑なものがあった故に、賢母なるもの、色別が、多少異って居たにもせよ。其母が其子を教へ且戒め育て助けて善を勧め悪を懲し名を揚げ業を成さしめた効果を見て、そして賢母なる評定を下した（以下略）」と述べている。

第十四代文部大臣の樺山資紀は、明治三二（一八九九）年の地方視学官会議において「賢母良妻タラシムルノ素養ヲ為スニ在リ、故ニ優美高尚ノ気風、温良貞淑ノ資性ヲ涵養スルト倶ニ中人以上ノ生活ニ必須ナル学術技芸ヲ知得セシメンコトヲ要ス」と述べる。また第十六代文部大臣に着任した菊池大麓も明治三五（一九〇二）年全国高等女学校長会議において「我邦に於ては、女子の職と云うものは、独立して事を執るのではない、結婚して良妻賢母となると云うことが将来大多数の仕事であるから、女子教育と云うものは、此の任に適せしむると云うことを以て目的とせねばならぬのである。」と述べている。この二人の文相の言葉からは、高等女学校における教育目標が「良妻賢母の育成」というイデオロギーに置かれていたことがわかる。明治という時代を踏まえると、女子教育がこのような男性の考え方で領導されたことは、当然とも言えるのだが、日清戦争（明治二七（一八九四）年～明治二八（一八九五）年）、日露戦争（明治三七（一九〇四）年～明治三八（一九〇五）年）を経て実際に働く女性も増えていた。そのさらなる変革の時代において、女性である下田歌子が本書で具体的に比較してみせた多くの例は、古今の時代、洋の東西を横断するのみならず階級身分も越えた多様な層の「良妻」であり、「賢母」の姿であることは注目に値するだろう。そのような下田の考えは、本書の直後に刊行された『日本の女性』（「はしがき」、前掲）の下田自身の言説でも裏付けられよう。

婦人の思想史と云ふ様なものが、早く出来さうであって、そしてまだ今日に於いても出来て居りませぬ。（中略）又一つには、我が邦の学問、研究が、何時も男子を中心として行はれるからでもありませう。本書が、婦人を各時代に分けまして、其の時代々々に於いて、思潮の動静や変化の大略をつけ加へたのは、聊かにても之に貢献したいと希ふ著者の微意であります。（中略）本書は前にも申した通り、専ら若き婦人の読み物にと希うたのでありますゆゑ、（中略）殊に苦しみましたのは遊里及び其れに関する女子の事を多少入れた点であります。吾が邦女性の研究と申せば、どうしても省く訳に参りませぬから、（以下、略）。

このような文言から、女性の側から女性の手による、男性のものとは異なる「婦人の思想」を多様な階層の実例から掬い取り、真摯に探究しようという思いを汲み取ることが可能だろう。下田の姿勢は本書においても共通しており、古今、洋の東西を問わず、あらゆる階層から良妻賢母の例を採り上げている。誤解を恐れずにいえば、本書に書かれている「良妻賢母」という概念は、この世界中の人間の営みの中に遍在していて、本書はそうした実例集のような趣なのである。

良妻賢母ということばは近代以前にはなく、一八七〇年代に「賢母良妻」、一八九〇年代になって「良妻賢母」が用いられるようになったという（山崎明子氏『近代日本の「手芸」とジェンダー』平成七（二〇〇五）年、世織書房）。下田歌子の最初の著作『家政学（上・下）』（明治二六（一八九三）年、博文館）から「良妻賢母」ということばが登場し、また本書の刊行からして、冒頭でも述べたように下田歌子を良妻賢母を説いた教育者と見るのも当然であろう（なお、明治三二（一八九九）年に設立した私立実践女学校の規則第一章通則第一条には「賢母良妻を養成する」という文言がある）。先の文相の言説との共通性から鑑みても、国家イデオロギーの代弁者として見られるのも宜なるかなとも思われる。

しかしながら、本書に書かれている「良妻賢母」の概念は妻や母といった家庭の役割に拘束されているところが多分にある。例えば、上編第一章「妻の範囲」の二節では、「妻と夫との職責範囲」として妻と夫の職責が及ぶところを弁別する。同じように下編第一章「母の範囲」の二節では、「母と父との責任範囲」として母と父の子に対して責任が及ぶところを弁別する。つまりこのように役割を周到に分け責任の所在を明確にすることで、それぞれの役割をよりよく全うさせようというのである（むろんそのように言いつつも弁別が難しい部分があることを述べているが、ここでは措く）。したがって下田がいう良妻にしても賢母にしても、当時の社会の中では、その役割を女性が担うことで（具体的には夫を立てて一歩退き、子のために自己を犠牲にするようなこと）、円滑にくらしや家庭、ひいては社会がまわっていくということなのである。

伊藤由希子氏は本書の解析から、夫と妻の関係は、より家・家庭という場に密着した、「責」を担う者同士の関係となると論じ、「良妻賢母」もその始発時において、国家的なイデオロギーとは別の、個人的な思想・理念であったと示唆している（「下田歌子の「良妻と賢母」（一）」『女性と文化』第一号、二〇一五年三月、下田歌子研究所年報）。実際のところ、下田は自らの言う「良妻賢母」が相対的なものであるという自覚を持っていたのではないだろうか。

但し、善悪の標準も、時勢の変遷に連れて、変ることが多い。其大体の綱紀の外は、世と時とに従ふものから、こゝに今、良妻伝の中に掲げた人でも、其評定の是非は、万代不易と云ふ事は出来ぬのである。

第二章二節の末尾にある文言だが、良妻の概念が社会の変化に応じて変化することを前提にした文章であろう。歴史的な事例を博捜して「良妻賢母」を跡づける著作の目的と矛盾するようだが、その概念が現行下の社会においても有効だという前提で選ばれているという自覚が読み取れる。下田の著作はいずれもまず実用性が尊重されているところに特徴の一つがあるように筆者は考えているが、「良妻賢母」も、下田の中で、そのような実用性と深く関わって紡ぎだされたことばのように思われる。「良妻賢母」は下田の念願だった、増大する女性の社会進出を後押ししたが、その現実を肯定する実用性ゆえに、国家体制イデオロギーと親和性が高くなった部分もあるのではないか。

また、本書が古今東西のいわゆる「良妻賢母」伝のような形態で書かれたことは、伝統的で儒教的な「孝子伝」や「忠臣伝」、「列女伝」などのように、徳目を教化する史伝と同じであり、規範を示す正典とも受け止められたことは想像にかたくない。「良妻賢母」ということばが戦前の女子教育の理想像として、下田の令名とともに規範化されるに至ったのも、著作に内包されている言説と無縁ではないが、当初の意図を越えて拡大して捉えられた部分もないとは言えないように思われる。

本書を読むことは、社会あるいは家族・家庭の求める女性像と女子教育との関係を時代を超えて考える契機になるにちがいない。新しい目で読み直されるとき、また新しい発見が生まれるのではないか。

著者紹介

下田歌子［しもだ・うたこ］

1854（安政元）年、美濃国恵那郡岩村（現・岐阜県恵那市岩村町）に生まれる。幼名鉐（せき）。16歳で上京し、翌年から宮中に出仕。その歌才を愛でられ、皇后より「歌子」の名を賜る。1879（明治12）年に結婚のために宮中を辞した後は、華族女学校（現・学習院女子中・高等科）開設時に中心的役割を果たすなど、女子教育者として活躍。1893（明治26）年から2年間欧米各国の女子教育を視察、帰国後の1899（明治32）年、広く一般女子にも教育を授けることをめざして、現在の実践女子学園の前身にあたる実践女学校および女子工芸学校を設立。女子教育の振興・推進に生涯尽力し続けた。1936（昭和11）年没。

校注者紹介

久保貴子［くぼ・たかこ］

実践女子大学下田歌子記念女性総合研究所専任研究員（専任講師）。実践女子大学大学院文学研究科国文学専攻博士課程単位取得満期退学。主な論文に、「下田歌子の教育の源泉」（『女性と文化』第3号、2017・3）、「下田歌子の『外の濱づと』論─『枕草子』との関係─」（『女性と文化』第4号、2018・3）ほか。

新編 下田歌子著作集

良妻と賢母（りょうさいとけんぼ）

著者　下田歌子

発行日　二〇二〇年三月三一日　初版第一刷発行

発行所　株式会社 三元社
東京都文京区本郷1─28─36　鳳明ビル1階
電話 03-5803-4155　ファックス 03-5803-4156

印刷所　シナノ印刷 株式会社

コード　ISBN978-4-88303-505-2

［新編］下田歌子著作集〈第一期〉 監修／実践女子大学下田歌子記念女性総合研究所

既刊

**婦人常識訓** 校注／伊藤由希子
娘、妻、母そして一個の人として、ほんとうの幸せを得るための心得。
本体四五〇〇円＋税

**女子のつとめ【現代語訳】** 訳／伊藤由希子
自分と周囲が円満となる、女性のライフステージごとの賢き振る舞い方。
本体三二〇〇円＋税

**女子の心得** 校注／湯浅茂雄
今も日々の生活に役立つ心の整え方と、その実践のための作法を懇切に示す。
本体一九〇〇円＋税

**結婚要訣** 校注／久保貴子
時代ごとの変遷をたどりながら、婚姻の理念と実用的な話題を豊富に伝える。
本体三四〇〇円＋税

**良妻と賢母** 校注／久保貴子
数多くの心に響く逸話を引きながら、妻そして母の大いなる役割を説く。
本体二二〇〇円＋税